37

DESCRIPTIONS PARTICULIÈRES

DES DUCHÉ DE LORRAINE

COMTEZ ET SEIGNEURIES EN DÉPENDANTES

ET NOTAMMENT

DU COMTÉ DE BITCHE

PAR

THIERRY ALIX

SIEUR DE VERONCOURT ET FORCELLES SAINCT-GERGONE,

Conseiller d'Estat de S. A. et président des Comptes de Lorraine.

DÉNOMBREMENT

DU DUCHÉ DE LORRAINE

EN 1594

PAR LE PRÉSIDENT ALIX.

I.

Après n'avoir été, sous ses premiers ducs héréditaires, qu'une sorte de principauté d'une fort médiocre importance, la Lorraine avait fini par se faire un nom et par prendre rang parmi les états de l'Europe. Ce double résultat, elle le devait au rôle politique qu'elle avait joué et aux accroissements successifs de son territoire. Elle avait, notamment, su triompher du redoutable duc de Bourgogne, arrêter l'invasion menaçante des Rustauds et, dans la seconde moitié du xvi° siècle, se mêler, d'une manière active, aux événements dont la France avait été le théâtre durant les troubles de la Ligue. De plus, elle jouissait d'institutions politiques, administratives et judiciaires parfaitement organisées, et qui lui donnaient une certaine suprématie sur les provinces qui, comme elle, furent plus tard réunies au royaume. Ajoutons à cela la fertilité du sol, des richesses naturelles de toute espèce, une industrie florissante, un commerce étendu, et l'on aura une idée de ce qu'était la Lorraine lorsque le président Alix en fit ce qu'on est convenu d'appeler le dénombrement[1].

---

[1]. Pour juger de l'étendue de son territoire, voir la carte jointe au t. IV de l'*Histoire de Lorraine* de M. Digot.

A cette époque, le domaine ducal s'était, déjà depuis longtemps, accru de deux villes importantes, Epinal et Sarrebourg, qui appartenaient auparavant aux évêques de Metz ; de la terre de Boulay, des comtés de Blâmont et de Vaudémont, de la ville de Châtel-sur-Moselle et de la seigneurie de Bainville-aux-Miroirs. En 1546, l'évêque de Verdun avait cédé au duc Charles III Hattonchâtel et quatorze villages qui en dépendaient. Le même prince avait annexé au duché le comté de Bitche tout entier, acheté successivement Phalsbourg, Hombourg et Saint-Avold, les salines de Moyenvic et de Marsal, et cette dernière ville elle-même lui avait été abandonnée par le traité de Folembray[1].

Le territoire qui formait alors la Lorraine était divisé en trois grandes circonscriptions administratives que l'on appelait bailliages : ceux de Nancy, de Vosge et d'Allemagne. La date de leur création n'est pas connue, mais il est certain qu'ils existaient au XIVe siècle, et même auparavant[2]. Leur nombre s'augmenta dans la suite, mais ceux qui furent nouvellement institués[3] n'eurent pas l'importance des premiers.

Les bailliages étaient subdivisés en juridictions d'un ordre inférieur, dites prévôtés, à la tête desquelles étaient placés des officiers dont on fait remonter l'établissement jusqu'au règne de Mathieu II[4] (1139-1176).

II.

La Lorraine, telle que nous la montre le *Dénombrement* de 1594, était à peu près à l'apogée de sa grandeur. Elle ne devait pas tarder à décroître, par suite des événements politiques qui marquèrent le règne désastreux de Charles IV.

---

1. Les bases de ce traité ne furent posées, entre Henri IV et Charles III, que le 31 juillet 1594, et le traité définitivement ratifié par le roi qu'au mois de décembre 1595, c'est-à-dire postérieurement à la date inscrite à la fin de l'Epilogue qui précède le *Dénombrement* (voy. ci-après, p. 8) ; néanmoins la ville et la châtellenie de Marsal figurent dans ce dernier (p. 115), mais comme par forme d'addition.

2. Voy., dans *les Offices des duchés de Lorraine et de Bar*, les listes des baillis de Nancy, de Vosge et d'Allemagne.

3. Ceux d'Apremont, de Châtel-sur-Moselle, d'Epinal, d'Hattonchâtel et de Vaudémont.

4. Voy., dans *les Offices*, au mot prévôt.

Par le traité de Vincennes, du dernier février 1661, elle perdit : la ville de Moyenvic ; — celle de Sierck, avec plus de trente villages, hameaux ou censes de la prévôté ; — les prévôtés de Phalsbourg et de Sarrebourg ; — les lieux de Monclair ou Montéclair, Siersdorf et Fremmersdorf ; — un certain nombre de villages des prévôtés d'Amance, de Dieuze, d'Einville, de Marsal, du marquisat de Nomeny, etc., pris pour l'établissement de la route de Metz en Alsace. — Enfin, le traité de Nomeny, du 1er septembre 1663, et celui de Riswick, du 30 octobre 1697, mirent entre les mains de la France Sarrelouis[1] et les localités[2] comprises dans la prétendue demi-lieue autour de cette forteresse[3].

III.

La liste des lieux cédés est donnée dans le *Polium des duchés de Lorraine et de Bar*[4], composé d'après les ordres de Léopold, au commencement du siècle dernier, par Didier Bugnon, son premier ingénieur et géographe. A cette époque, les anciennes divisions administratives de la Lorraine avaient subi de notables modifications, qu'il n'est pas hors de propos de faire connaître.

En vertu de l'édit du 31 août 1698[5], les trois grands bailliages comprenaient dans leur ressort les prévôtés ci-après, savoir : le bail-

---

1. La forteresse de Sarrelouis avait été construite, en 1680, par ordre de Louis XIV, sur le territoire de Lisdorf ou Listroff, village qui appartenait à la Lorraine. (Voy. Dom Calmet, *Notice de la Lorraine*, t. II, col. 751.)

2. Au nombre de six, parmi lesquelles Vaudrevange, l'ancien chef-lieu du bailliage d'Allemagne.

3. Des conventions, postérieures à la réunion de la Lorraine à la France, amenèrent encore quelques modifications aux limites du territoire du premier de ces états. Ces modifications sont indiquées par Durival, dans sa *Description de la Lorraine et du Barrois*, et il n'y aurait aucun intérêt à les mentionner ici.

4. Notre très-honoré confrère M. le docteur Simonin père en possède un des exemplaires les plus complets, qu'il a bien voulu mettre à notre disposition.

5. Voy. *Recueil des ordonnances*, t. I, p. 40.

liage de Nancy : celles d'Amance, Chaligny, Château-Salins, Condé (Custines), Einville, Gondreville, Nancy, Pompey (anciennement de l'Avant-garde), Prény, Rosières-aux-Salines et Saint-Nicolas ; — le bailliage de Vosge ou de Mirecourt : les prévôtés d'Arches, Charmes, Châtenois, Darney, Dompaire, Mirecourt et Remoncourt ; — le bailliage d'Allemagne ou de Sarreguemines : celles de Bitche, Boulay, Bouquenom[1] (Saar-Union), Dieuze, Freistroff, Insming, Saint-Avold, Sarralbe, Sarreguemines, Schambourg, Siersberg et Vaudrevange.

Les bailliages de Châtel-sur-Moselle, d'Épinal et du comté de Vaudémont (ou de Vézelise) étaient maintenus, tandis que ceux d'Apremont et d'Hattonchâtel étaient réduits à l'état de simples prévôtés du bailliage de Saint-Mihiel, dans le Barrois non-mouvant. — Nomeny et Lunéville devenaient des chefs-lieux de bailliages, ce dernier ayant dans son ressort les prévôtés d'Azerailles, de Badonviller[2], de Blâmont et de Deneuvre. — Enfin, des sièges bailliagers étaient établis à Bruyères, Neufchâteau et Saint-Dié ; de celui-ci dépendait la prévôté de Sainte-Marie-aux-Mines.

L'édit du mois de juin 1751[3] multiplia notablement les bailliages ; il en créa dans les villes de Bitche, Blâmont, Boulay, Bouzonville, Bruyères, Charmes, Château-Salins, Châtel-sur-Moselle, Commercy, Darney, Dieuze, Épinal, Fénétrange[4], Lixheim[5], Longuion, Lunéville, Mirecourt, Nancy, Neufchâteau, Nomeny, Remiremont, Rosières-aux-Salines, Saint-Dié, Sarreguemines, à Schambourg et Véze-

---

1. Bouquenom, qui n'est pas mentionné dans le *Dénombrement*, était l'un des chefs-lieux du comté de Saarwerden, dont l'investiture avait été donnée au duc Antoine, en 1527, par Jean de Lorraine, évêque de Metz, son frère, et dans laquelle Charles IV avait été maintenu après un long procès. Ce prince fit don du comté de Saarwerden au prince Charles-Henri de Vaudémont, son fils, qui le céda au duc Léopold. (Voy. *Notice*, t. II, col. 429.)

2. Badonviller était obvenu à la maison de Lorraine par le mariage du duc François II avec Christine, fille unique de Paul, comte de Salm.

3. Voy. *Recueil des ordonnances*, t. VIII, p. 254.

4. En 1708, Charles-Henri de Lorraine, prince de Vaudémont, avait cédé au duc Léopold ce qu'il possédait dans la seigneurie de Fénétrange, en échange de la terre et souveraineté de Commercy.

5. La terre de Lixheim avait été acquise, en 1623, par le duc Henri II, sur Frédéric V, comte Palatin, roi de Bohême.

lise. — Badonviller, Bouquenom, Dompaire, Sainte-Marie-aux-Mines, Saint-Hippolyte et Sarralbe furent des siéges de prévôtés.

IV.

Ce que nous venons de dire concerne la Lorraine, et ne donne, par conséquent, qu'une idée bien imparfaite de l'importance du domaine ducal à l'époque où écrivait le président Alix. Son *Dénombrement* ne dit rien, en effet, du duché de Bar, lequel faisait cependant partie des Etats de Charles III. C'est une lacune qu'il importe de combler ; nous le ferons très-brièvement, en reproduisant seulement le sommaire des chapitres de Bugnon.

Le Barrois se divisait, on le sait, en Barrois non-mouvant et en Barrois mouvant, ainsi appelés parce que l'un reconnaissait les ducs de Lorraine pour seigneurs dominants, tandis que l'autre relevait de la couronne de France.

Le premier était partagé en quatre bailliages, qui comprenaient un nombre plus ou moins grand nombre de prévôtés, suivant leur étendue, savoir : le bailliage de Saint-Mihiel : les prévôtés d'Apremont[2], Bouconville, Briey, Conflans-en-Jarnisy, Foug, Hattonchâtel, Norroy-le-Sec, Rembercourt-aux-Pots, Sancy et la mairie de Norroy-devant-Metz ou Norroy-le-Veneur ; — le bailliage d'Etain : celles d'Arrancy, Etain, Longuion et Longwy[3] ; — le bailliage de Pont-à-Mousson : les prévôtés de Mandres-aux-Quatre-Tours, Pont-à-Mous-

---

1. Saint-Hippolyte avait été restitué à Léopold par le traité de Paris, du 21 janvier 1718 ; mais, ainsi que le fait remarquer Bugnon, cette ville, non plus que les lieux de son territoire, n'avait jamais été cédée à la France en vertu d'un traité ; c'était par suite d'une usurpation, justifiée seulement par le droit du plus fort, que, depuis le mois d'octobre 1679, elle se trouvait mise de la dépendance d'Alsace par les intendants de cette province.

Par le même traité de Paris, dont nous venons de parler, les ville et châtellenie de Rambervillers, qui étaient auparavant du temporel des évêques de Metz, étaient cédés à la Lorraine en échange de Longwy et de quelques villages de sa prévôté, et Louis XV reconnaissait le droit de souveraineté de Léopold sur Nomeny, Saint-Avold, Hombourg, Commercy et l'abbaye de Riéval. (La ville de Hombourg avait été remise en la possession de ce prince par le traité de Riswick.)

2. Mentionné dans le *Dénombrement*, avec le titre de bailliage, de même qu'Hattonchâtel.

3. Cédée à la France par le traité de Riswick.

son et Thiaucourt ; — enfin, le bailliage du Bassigny : celles de Bourmont (comprenant la plus grande partie de la sénéchaussée de La Mothe et Bourmont), Châtillon-sur-Saône, Conflans-en-Bassigny, Gondrecourt, Lamarche et Saint-Thiébault.

Il n'y avait, dans le Barrois mouvant, qu'un seul bailliage, celui de Bar, qui comprenait les prévôtés et offices de Bar, Pierrefitte et Souilly, la mairie de Longeville, la gruerie de Morley et la principauté de Commercy, souveraineté particulière.

De même que le duché de Lorraine, celui de Bar avait été démembré à la suite des événements du règne de Charles IV ; il avait perdu[1] : le comté de Clermont-en-Argonne, comprenant les prévôtés de Clermont, de Varennes et des Montignons ; les prévôtés et gouvernements de Stenay, Dun, Jametz et Marville ; la terre de Gorze et le bourg de Mars-la-Tour, cédés en vertu de divers articles du traité de 1661, ainsi que quatre villages des prévôtés d'Etain, Saint-Mihiel et Lachaussée, abandonnés pour la route de Verdun à Metz ; enfin, les lieux de Blondefontaine, Bousseraucourt, Corre, Fresne, Grignoncourt et Vougécourt, du Bassigny mouvant, qui étaient depuis longtemps en surséance entre la Lorraine et la Franche-Comté, et qui furent attribués à la France par le traité de Châtillon, conclu en 1704 et 1705[2].

———

Le *Polium* de Bugnon se termine par la nomenclature des terres situées dans l'Europe et dans l'Asie, sur lesquelles les ducs de Lorraine avaient (ou prétendaient avoir) des droits[3], tant en qualité de souverains qu'en celle de régaliens, sans néanmoins, prend-il soin

---

1. Nous donnons la liste des lieux cédés d'après le *Polium* de Bugnon.

2. Il faut ajouter aux localités en surséance, cédées par le même traité, mais comme appartenant à la Lorraine, la terre de Fougerolles (mentionnée dans le *Dénombrement*) et celle de Saint-Loup et Francalmont.
Par l'article VII du traité de Paris, la souveraineté des faubourgs et abbayes de Saint-Mansuy et Saint-Epvre, de Toul, fut attribuée à la France.

3. Ces droits sont, en quelque sorte, exposés dans leur blason, où l'on voit figurer les armoiries de Hongrie, Sicile, Jérusalem, Aragon, Anjou, Gueldres et Juliers, avec celles de Lorraine et de Bar.

de dire, parler des raisons sur lesquelles sont appuyées leurs prétentions, ne voulant se jeter dans aucun détail historique. Nous imiterons sa réserve, en reproduisant purement et simplement cette partie de son travail, sous la forme qu'il lui a donnée.

Table générale des différents royaumes et provinces contenus dans ce chapitre.

Royaumes.

Le royaume de Jérusalem, situé en Asie.

Les royaumes de Naples et de Sicile, en Italie.

Le royaume d'Aragon, situé en Espagne.

Le royaume de Hongrie dépend de l'Allemagne.

Le royaume de Danemarck, situé dans le Nord.

Autres souverainetés.

La souveraineté de Montferrat, en Italie.

La souveraineté de Charleville, en France[1].

L'Autriche et le comté de Kirbourg ou Kirberg, en Allemagne.

Le duché des Deux-Ponts, en Allemagne.

Aux Pays-Bas espagnols, les comtés de Flandre et de Chiny.

Aux Provinces-Unies, le duché de Gueldre et le comté de Zutphen.

Et en France, le comté de Provence, le duché de Bretagne et le duché d'Anjou.

Les provinces dans lesquelles les ducs de Lorraine ont droits régaliens sur quelqu'une de leurs parties :

savoir :

En Picardie, sur le duché de Guise, le comté d'Ault et le comté de Soissons ;

En Champagne, sur la principauté de Joinville et la baronnie d'Eclairon ;

En Auvergne, sur la baronnie de la Roche ;

En Angoumois, sur la baronnie de la Tour ;

---

1. On sait que Léopold prenait le titre de souverain d'Arches et Charleville. (Voy. Digot, t. VI, p. 54.)

En Beauce,

Sur le comté de Dunois ;
Sur la seigneurie de Freteval ;
Sur le comté de Blois ;
Sur la seigneurie de la Ferté-Aurain ;
Sur la seigneurie de Château-Renault ;
Sur la seigneurie de Marchenoir ;
Sur la seigneurie de Romorantin ;

Et en Touraine, sur la baronnie de Montfort.

V.

L'ouvrage auquel nous avons emprunté les indications qui précèdent, ne renferme pas seulement la liste des lieux compris dans les duchés de Lorraine et de Bar, mais encore des renseignements historiques et statistiques d'un grand intérêt, et il est à regretter que son étendue ne permette pas de le publier. Le président Alix n'a pas cru devoir entrer dans les mêmes détails : il s'est à peu près borné à donner la nomenclature des villes, bourgs, villages, etc., qui se trouvaient dans chacune des circonscriptions de la Lorraine. Nonobstant l'aridité qu'il présente à la lecture, son travail est d'une incontestable utilité, aussi le voit-on cité par tous les écrivains qui se sont livrés à des études géographiques sur notre pays : c'est un document officiel, précieux à plus d'un titre, mais surtout parce qu'il nous apprend, outre les noms de beaucoup de villages qui ont été détruits, ceux que portaient, à la fin du XVIe siècle, diverses localités dont les dénominations se sont modifiées ou ont complètement changé depuis.

L'auteur du *Dénombrement* est trop connu pour qu'il soit nécessaire de rappeler ici les titres qui le recommandent à notre estime et à notre reconnaissance[1]. Parvenu, grâce à son seul mérite, des fonctions les plus modestes au poste éminent de président de la Chambre des Comptes et, par suite, de garde du Trésor des Chartes, Thierry Alix remplit ces doubles fonctions avec un dévoûment et un zèle infatigables. Non content de mettre en ordre le vaste dépôt qui lui était confié, il l'enrichit encore de nombreux cartulaires et de divers documents qu'il avait eu mission de rédiger.

De ce nombre était le *Dénombrement du duché de Lorraine*, qui a disparu de nos Archives, avec tant d'autres titres qu'il serait si utile de pouvoir consulter. On a pris soin, fort heureusement, d'en faire des copies, dont quatre[2] ont été mises à notre disposition.

1. Voy. le *Trésor des Chartes de Lorraine*, p. 16 et suiv.
2. Ce sont les seules que nous connaissions ; il est possible qu'il en existe encore d'autres.

La plus ancienne appartient à M. d'Arbois de Jubainville, avocat à la Cour impériale de Nancy ; elle est d'une écriture de la fin du xviᵉ siècle, c'est-à-dire contemporaine du document original ; mais ce dernier n'y a pas été transcrit intégralement ; on en a négligé quelques parties, qui, du reste, ne sont pas les plus essentielles.

La copie qui doit occuper le second rang dans l'ordre chronologique est celle qui se trouve dans la riche collection lorraine de notre érudit confrère M. l'abbé Marchal. Ainsi que son titre l'indique, elle a été faite, en 1608, par un nommé Duport-Guichart, probablement Claude, qui fut maître des Comptes et contrôleur général de Lorraine. Cette copie est non-seulement la plus belle, mais encore la plus complète : c'est celle dont nous avons cru devoir nous servir, et que nous reproduisons *in extenso*.

La Bibliothèque publique de Nancy possède la troisième, qui a dû être exécutée vers le milieu du xviiᵉ siècle. Elle appartenait auparavant à M. Beaupré, qui en a généreusement fait don à cet établissement, se réservant une copie du siècle dernier ; c'est la quatrième.

Ces divers manuscrits, le dernier surtout, présentent entre eux quelques variantes dans l'orthographe des noms, ce qui explique comment on en remarque dans les citations qui ont été faites du *Dénombrement*, suivant que l'on s'est servi de l'une ou de l'autre des copies.

VI.

Ce document se compose de plusieurs parties, qui sont loin d'avoir toutes la même importance : nous citerons, notamment[1], une longue dissertation sur l'antiquité du duché de Lorraine, dans laquelle l'auteur, reproduisant les fables qui avaient cours de son temps, cherche à établir que, « plus de cinq cents ans avant Lothaire, il y avait des ducs de Lorraine qui régnaient et jouissaient de leur patrimoine ». M. Digot[2] a fait bonne justice de ces absurdités, que l'on regrette de voir soutenir par un homme d'un esprit aussi élevé que le président Alix.

La description du comté de Bitche, précédée d'un morceau en vers latins, occupe une large place dans le *Dénombrement* ; elle ren-

---

1. Voy. p. 11-31.

2. *Histoire de Lorraine*, t. I, p. 418-438. — Voy. aussi, sur la généalogie des ducs de Lorraine, une savante dissertation de M. Beaupré placée en tête du t. I du *Recueil de documents*.

ferme des détails d'un médiocre intérêt, mais qui peuvent servir à des études sur la topographie de cette contrée ; c'est pourquoi nous n'avons pas jugé à propos d'y faire des suppressions.

La partie capitale est la division du duché de Lorraine et la liste des villes, bourgs, villages, etc., qu'il renfermait. Il nous a paru que cette nomenclature pouvait être inintelligible pour plus d'un de nos lecteurs, c'est pourquoi nous y avons joint, comme une sorte de traduction du texte, deux tables[1] : la première, des formes anciennes, la seconde, des noms de lieux.

Afin que tous ceux qui sont mentionnés dans cette dernière se retrouvent aisément, nous les avons fait suivre de numéros d'ordre correspondant aux chiffres qui précèdent les mêmes noms dans le corps de l'ouvrage.

Nous n'avons rien négligé pour que la publication du travail du président Alix soit aussi utile que possible, et en même temps digne de l'homme qui, comme écrivain et comme garde du Trésor des Chartes, a rendu de si grands services à l'histoire de notre pays.

H. L. et A. DE B.

---

1. Voy. ci-après, p. 171, les explications sur la manière dont ces tables ont été rédigées.

TABLE DU CONTENU AU PRÉSENT LIVRE.

Discours de l'antiquité et origine du duché de Lorraine.. 11
Description sommaire des singularitez dudict duché de Lorraine... 31
De quelles et quantes provinces et bailliages est composé ledict duché de Lorraine............. 34
Noms des villes et chastellainies enclavées audict duché, qui ne sont de bailliages.............. 34

Bailliage de Nancy.

Les prévostez, chastellainies, terres et seigneuries, villes, bourgs et villages qui dépendent dudict bailliage... 34
Terre de l'Avant-garde.................................... 38
Terre de Pierrefort... 39
Terre de Hey... 39
Terre du Chastellet.. 39
Comté de Challigny....................................... 40
Terre de Commercy....................................... 40
Prévosté et chastellainie de Rosières.............. 40
Prévosté et chastellainie d'Einville................. 42
Prévosté et chastellainie de Lunéville............. 43
Prévosté d'Azerailles..................................... 44
Prévosté et chastellainie de Sainct-Diey et Raon.. 45
Prévosté et chastellainie d'Amance................. 51

Chastellainie et mairie de Condé[1] et Val des Faulx. 53
Prévosté et chastellainie de Preny.................... 53
Prévosté et chastellainie de Gondreville.......... 54

Bailliage de Vosges.

Prévosté et chastellainie de Bruyères............. 56
Prévosté et chastellainie d'Arches................. 59
Terre de Fontenoy et terre de l'Allœud[2]......... 65
Prévosté et chastellainie de Charmes............. 65
Prévosté et chastellainie de Mirecourt et Remoncourt.. 66
Prévosté de Dompaire et Valfroicourt............ 68
Darney ; les verrières................................. 72
Prévosté et chastellainie de Chastenoy et Neufchasteau... 73

Bailliage d'Allemagne.

Prévosté [et] sous-prévosté de la Landt-Schultesserie de Sierques[3]..................................... 77
L'office et chastellainie de Boullay............... 82

1. Aujourd'hui Custines (Meurthe).
2. Ce qui signifie, sans doute, le franc alleu de la seigneurie de Fontenoy.
3. La prévôté de Sierck formait quatre circonscriptions : la prévôté proprement dite, la sous-prévôté, la Landt-Schultesserie et la prévôté de Condé, circonscriptions dont les divisions étaient fort irrégulièrement déterminées, ainsi qu'on peut le voir en jetant les yeux sur le *Dénombrement*. Il est difficile de traduire littéralement la dénomination de Landt-Schultesserie, donnée à la troisième ; elle vient de deux mots allemands : *land*, terre, pays, campagne, et *schultheiss*, maire, juge, etc.; ce qui doit vouloir dire mairie ou prévôté rurale ; *stadtschultheiss* signifie le maire, le prévôt d'une ville ; c'est évidemment dans le sens de prévôt que le mot *schultheiss* a été employé par le président Alix. — Les divisions de la prévôté de Sierck sont clairement indiquées dans un Dénombrement du bailliage d'Allemagne, en 1567, conservé au Trésor des Chartes (reg. B. 307).

L'office et recepte de Valderfenges[1]............	84
L'office et chastellainie de Sirsperg............	84
Le Sargaw................................	85
Mertzig..................................	86
L'office et chastellainie de Schawembourg.......	86
Prévosté de Kettern-Ostern....................	89
L'office et chastellainie de Guemunde[2].........	89
Chastellainie de Dieuze......................	90
Chastellainie de Morsperg....................	91
Seigneurie et terre de Puttelenges.............	92
Terre et seigneurie de Beaurains..............	93
Terre et seigneurie de Morhanges..............	94
Terre et seigneurie de Faulquemont............	94
Terre et seigneurie de Forbach................	95
Bailliage du comté de Vaudémont...............	95
Bailliage de Chastel.........................	97
Bailliage d'Espinal..........................	99
Bailliage d'Hatonchastel.....................	100
Bailliage d'Aspremont.......................	101
Comté de Blamont...........................	105
Prévosté, terre et seigneurie de Deneuvre.......	107
Aultres villes, prévostez et chastellainies, terres et seigneuries qui ne sont d'aucuns bailliages.....	107
La ville de Sarrebourg.......................	107
Terre de Sarech............................	108
La ville de Sainct-Hippolite..................	108
La ville de Sultzbach........................	108

---

1. Aujourd'hui Wallerfangen (Prusse).

2. Sarreguemines, du mot allemand *gemünd*, qui veut dire embouchure, parce que cette ville est située au confluent de la Sarre et de la Bliese.

Le Val de Liepvre......	108
Terre de Spitzemberg...................	109
La terre et seigneurie d'Aulbe[1]...............	109
La terre et seigneurie de Biche.............	109
La terre et seigneurie de Pfaltzbourg...........	113
Les chastellainies, terres et seigneuries de Hombourg et Sainct-Avol...............	114
La ville et chastellainie de Marsal.............	115
Les mynes du Val de Liepvre................	116
Mynes de la Croix......................	116
Mynes de Bussans et du Tillot................	117
Mynes d'azur.........................	117
Les chaulmes........................	117
Les fleuves et rivières..................	119
Les villes et bourgs dudict duché de Lorraine.....	127
Eglises cathédrales et collégiattes..............	129
Abbayes de religieux...................	130
Abbayes de dames.....................	131
Couventz de religieuses. Sœurs grises..........	131
Prieurez............................	132
Couventz de Cordeliers	133
Couventz d'autres religieux	133
Commanderies.......................	133
Chartreuse..........................	134

---

1. Sarralbe, anciennement Albe.

ÉPILOGUE A LA LOUANGE DUDICT DUCHÉ DE LORRAINE.

A Son Altesse.

Monseigneur,

M'estant par fois resté quelque loysir après les affaires de mes charges expédiées, je n'ay voulu le perdre du tout, ains estimé que je ne pouvois mieux que d'en employer une partie à la décoration de la patrie, par une description de ce que j'avois peu observer des particularitez et singularitez de ce beau et grand duché de Lorraine ; ce que j'ay faict au moing mal que possible m'a esté, ainsi que j'espérois (dès y a quelque temps) faire veoir à Vostre Altesse par une charte que j'en ay dressée en supplément des défectuositez de celle que Mercator (d'ailleurs géographe très-docte et suffisant) a, puis quelque temps ençà, publiée. Mais, prévenu d'une longue et fascheuse maladie (de laquelle je suis encor présentement détenu), impossible m'auroit esté de l'achever et réduire au point que je désire, affin qu'elle puisse mériter quelque petite place au cabinet de Vostre Altesse, pour, après relâche de ses affaires plus graves et sérieux, y passer autant de temps. Attendant, j'ay faict une coppie de ce qu'à peu près y est contenu, et icelle rédigée par manière de manuel au présent livre, que je présente en toute humilité à Vostre Altesse, le bon plaisir de laquelle sera, par aventure, de luy faire donner quelque coing en l'un des coffres de sa chambre, pour, l'occasion se présentant, soit en temps de séjour ou de voyage, l'avoir prest, sans estre en nécessité d'envoier plus loing pour estre esclaircie de ce qu'elle désirera sçavoir de sondict duché. Suppliant plus que très-humblement à Vostredicte Altesse qu'il luy plaise recepvoir ceste mienne bonne volunté de sa clémence et bénignité accoustumée, et je continueray le reste de mes jours à luy rendre très-humbles services et prier Dieu qu'il luy plaise multiplier de plus en plus sur icelle et sa très-noble et auguste lignée ses sainctes grâces et bénédictions en succès de tout bonheur et prospérité.

A Nancy, ce premier jour de janvier 1594.

De Vostre Altesse
Très-humble et très-obeissant
serviteur naturel
T. ALIX.

Blason des armes des sérénissimes ducz de Lorraine.

Aurea quid rutilis contexta corona pyropis?
Promeritæ Ducibus tessera laudis adest.
Ecquid clathra? Jugum designant triste tyrannis
Quidve cruces? Solymæ sceptra, Salutis opem.
Quid tres æriæ, clypeo tria signa dryachæ?
Affectare Si e cœlica regna Duces.
Lilia quid? Candorem. Pisces atque Leones?
Terræ demonstrant, et maris imperium.

Epistre dédicatoire

A sérénissime prince Charles III du nom, par la grâce de Dieu, duc de Lorraine, marchis, duc de Calabre, Bar, Gueldres, etc., marquis du Pont-à-Mousson, comte de Provence, Vaudémont, Blâmont, Zutphen, etc.,

Par Thiéry Alix, son très-humble et très-obéissant subject et président en sa Chambre des Comptes de Lorraine.

Monseigneur,

Je représente à Vostre Altesse la copie imprimée de la charte géographicque de cestuy son duché de Lorraine, que Gérard Mercator, géographe et mathématicien très-renommé, dressa, du commandement d'icelle, sont vingt-cinq ans ou environ, estant le prototype (escrit et tiré fort industrieusement et subtilement de sa main) demeuré au cabinet de Vostredicte Altesse, et n'estimois que, sans permission, il deust passer à la publication, sçachant bien qu'elle estoit mancqué et imparfaicte, et que grand nombre de monastères, prieurez, chasteaux, bourgs et villages n'y avoient esté rapportez, non plus que ceste belle et grand frontière des haultes chaulmes (lesquelles en ont esté aliénées et distraictes l'espace de deux centz soixante-dix ans continuelz, ainsi qu'amplement je l'ay déduict en une charte particulière[1] que j'en dressay lors qu'il pleut à Vostre Altesse me commander d'adviser aux moyens qu'il y pourroit avoir à la réunion d'icelles ; ce qui fut promptement exécuté, n'ayant, ce bon personnage, pour conduire à chef l'œuvre par luy commencée, ainsi que fort dextrement il eust sceu sy les moyens de tout veoir ne luy eussent esté perclus par la contagion qui survint en plusieurs endroictz et principalement ez frontières ; occasion pour laquelle il fut contrainct se retirer ; pour à quoy suppléer, et considérant que Vostre Altesse y auroit joinct depuis plusieurs belles terres et seigneuries, et entre aultres celles de Biche, Hombourg,

---

1. Cette carte se trouve au Trésor des Chartes, layette Chaumes, n° 1.

Il existe, dans la même layette, plusieurs procurations et instructions données au président Alix pour transiger avec les dames de Remiremont au sujet des différends qu'elles avaient avec le duc de Lorraine touchant les chaumes.

Sainct-Avol, Pfaltzbourg, et tout nouvellement les ville et chastellainie de Marsal, dont ledict Mercator n'a faict aultre mention que comme des aultres anciennes, pour n'en avoir eu la cognoissance, j'ay estimé que Vostre Altesse auroit pour agréable si j'y adjoustois quelque chose de ce que depuis quarante deux ans ençà j'en puis avoir comprins et remarqué, tant par tiltres, registres et mémoires du Trésor[1] qu'aultrement, en voyageant et vacquant à plusieurs et diverses commissions. Soubz ceste persuasion doncques (Monseigneur), j'ay ici rapporté particulièrement les noms des chasteaux, villes, bourgs et villages d'iceluy, rangés respectivement soubz leurs bailliages, chastellainies et prévostez, puis distinguez, sçavoir : ceulx qui sont du domaine de Vostre Altesse d'avec ceulx du clergé et des fiedvez et vassaulx. Vostre Altesse y verra aussi les noms des églises cathédrales y enclavées, les collégiattes, les abbayes, prieurez, chartreuse[2] et commanderies ; les montagnes, baings, fleuves, rivières et lacs plus célèbres ; les salines, verrières et mynières, tant d'argent, de plomb, litarge, cuyvre que d'azur, qui sont en estre et qui se labourent encor pour lejourd'huy. J'y ay puis après annexé une description sommaire (qui est la mesme que je donnay en vers latins et prose françoise au susdict Mercator pour l'insérer en ladicte charte) des sit, bornes, limites et singularitez dudict païs, lequel Vostre Altesse visitera quand il luy plaira sans sortir de son cabinet, et donnera quelquefois relasche aux ennuys de ses affaires plus graves et sérieux.

---

1. Le Trésor des Chartes, dont le président Alix avait la garde en qualité de président de la Chambre des Comptes.

2. Il n'y en avait alors qu'une en Lorraine : celle de Rethel, près de Sierck.

Reste à advertir (Monseigneur) que quelques villages se trouveront rangez et comprins soubz le domaine de Vostre Altesse esquelz, néantmoins, aucuns prélatz et vassaulx ont portion, et aultres où Vostredicte Altesse n'a que la haulte justice, avec les aydes ordinaires et extraordinaires, lesquelz (pour ne faire tort à personne) j'ay comprins aussi bien soubz les tiltres du clergé et des fiedvez que soubz celuy du domaine. Je prie Dieu qu'il luy plaise conserver Vostre Altesse en très-heureuse et très-longue vie.

—

De l'antiquité du duché de Lorraine, où est monstré qu'il n'a prins origine ny dénomination de Lothaire, filz de Loys-le-Débonnaire, nepveu de l'empereur et roy Charles-le-Grand, ains a commencé dès 48 ans avant la Nativité de Nostre Seigneur Jésus-Christ, et, par conséquent, 842 ans avant que ledict Lothaire régnast en Lorraine[1].

Il en appert par plusieurs tesmoingnages anciens, et notamment par deux panchartes, l'une de R. P. Pierre de Trèves, abbé de Sainct-Maximin, en l'an 699, en la description de la vie de sainct Basin, archevesque dudict Trèves; l'aultre de R. P. Adelbert d'Andernach, abbé de Mettloch, en l'an 718, en la vie de sainct Luttwin, duc de Lothereich et archevesque dudict Trèves; lesquelles deux panchartes sont extraictes de l'histoire de frère Jean Daucy[2], des gestes des sérénissimes ducz de Lorraine, et insérées avec leurs translatz cy après.

1. Voy., au sujet de ces généalogies fabuleuses, Digot, *Histoire de Lorraine*, t. I, p. 282-285, 418-438.

2. Jean d'Aulcy, cordelier, confesseur des ducs François Ier et Charles III, auteur de l'Abrégé ou Epitome des vies et gestes des

Ensuit la pancharte dudict saint Bazin[1].

Basinus, Belgicæ Galliæ metropoleos, Trevericæ videlicet urbis archiepiscopus gloriosus, dux ex ducibus Lothoringiæ, quam olim Mosellanam senes vocavère, non tantum nobilissimo sed fœlicissimo schemate progenitus est. Sed antequam narrandi seriem ordiamur, opere pretium autumavimus propaginis originem, vel satiùs originis vocabulum prænotare.

Ex ducibus autem Lotheriæ oriundus perhibetur, patre videlicet Arnoaldo, duce Lotheriæ, ac matre Oda, Gonzonis, ducis Sueviæ, filia.

Lothoringiam provinciam Mosellanam nuncupatam tradunt cosmographi et chrononistæ Mosellanæ vocabulum derivatum adstruunt à Mosellano, principe magnifico, Bavonis, regis, Belgarum duce, hancque in superiorem et inferiorem divisère.

Verum antequam hac divisione secerneretur et superior et inferior Mosellana diceretur, à Burgundia ad Frisiam usque cingebatur mari Britannico, dehinc à Sequana fluvio ad Rhenum protendebatur, ac se per Mosellæ alveum extendebat, et utramque rexère posteri Mosellani ad Cambronis usque tempora, qui, Pannoniâ relictâ, Belgas vicit et Tungros. Inde prosperam suam fortunam prosequens, simulque cupiens nomen suum extendere, Mosellanam, quam Metim vocant, obsedit. Cui Albo, cum suis, obviam venit, magno suo detrimento ; nam omnes illos fudit et internecioni dedit ; quibus fugatis et pros-

Ducs de Lorraine, à commencer à Lother Neveu de Jules Cesar jusqu'au présent régnant, etc.

1. Cette pièce et la suivante sont imprimées dans la Clef dvcalle de la serenissime... maison de Lorraine..., par le P. Saleur (1563), p. 21-25.

tratis, Mosellana potitur et simul omnibus proximis regionibus, quas posteri sui, ad Caroli Inach, à Caio Julio Cæsare apud Vesuntios occisi, tempora usque tenuére. Quod fuit initium prosperæ fortunæ Cæsaris, qui subegit sibi ac debellavit provincias ac regiones multas.

Anno autem à creatione mundi 3914 ; à diluvio 2257 ; à liberatione filiorum Israël ex Babilone 497 ; regni Hircani, regis Judeorum, 14 ; Olympiadis 182 ; 4. Cleopatræ 12 ; regis Egypti 1 ; à condita urbe 714 ; ab exactis regibus 460, ac Gallici belli ultimo, cum Cæsar apud Grues daret se quieti ex labore belli, à Brabone duce ei renunciatum est sororem suam Germanam, cum liberis, Octaviano, Lothero ac Suuana, castrum Megne inhabitare, illicque magnam miseriam sufferre. Cæsar, ærumnâ sororis, ac nepotum auditâ (quia humanus et clemens erat), ardens sororem nepotesque videre citissimè, iter habuit ad castrum Megne. Cum autem alter alterum vidit, tacitum continere gaudium haud potuére.

At, ut rem prestringam, Cæsar, ut Braboni conficeret munus promissi, Suuanam neptem ei uxorem commisit, cui dono dedit, ac sub ducatus titulo, terram à mare Ruthenico, id est Novergico, usque ad extremos fines Nerviorum : perficiendo munificam sylvam Soigne et flumen Scaldim, usque ad rivum Iaceam. Et ex tunc totus ille tractus nominatus est, de nomine Brabonis, Brabantia.

Octaviano nepoti, Germanæ sororis, ac Caroli Inach, primogenito, attribuit ducatum Agrippinensem, sub cujus titulo obtinebant locum, tota terra à flumine Velne usque Eyffle et Mosellæ flumina, ac confinia ubi Scambra ingreditur Mosam, cum tota terra quæ est inter Mosam et Iaceam. Et ex eo tempore, totam illam regionem voluit, ex nomine sororis suæ Germanæ repertæ, Germaniam, et Octavianum nepotem, Germanum vocari. Cui et Octaviam neptem ac filiam Marci Actii, proconsulis romani, ac sororis suæ Juliæ, locavit. Lothero sive Luthero autem, nepoti, et sororis suæ Germanæ, seu Suuanæ, ac Caroli Inach, minori natu, sub ducatus titulo pertribuit, cum summa imperii potestate, dicere jus, ferire pecunias aureas argenteasque ac circumferre insignia imperii cum suis, quæ sunt : Aquila nigra in parmâ aureâ, partita parmâ rubrâ, cum fascia argentea, et desuper carbunculo aureo ; totam terram à Sequana usque ad Rhenum fluvium, quam olim senes Mosellanam superiorem vocabant, comprehendendo partem Heduorum, Schaldim, Mosam et Mosellam flumina. Et ex tunc, sua potestate, totum illum orbem, de nomine nepotis sui Lotheri, Lotheriam, germanicè Lothereich, italicè Lotheringe, et, post aliquod tempus, gallicè Lothereine, et posteà, concisis litteris, Lorraine appellari jussit. Insuper et Juliam neptem suam, filiam Marci Actii, proconsulis romani, ac Juliæ, sororis suæ, cui doti dedit Juliam urbem, quam super Sarræ fluvium condiderat, quam et Lotheriam nominavit, et Julium Castrum, quod juxta Treverim inedificaverat, nuptam dedit, ex quâ posteà genuit Vacquancum, cui, post patris mortem, sicuti patri, nobiles et optimates homagium fecère ; à quo, in quartâ decimâ propagine, orta est Basina, uxor Clodii Criniti, regis Francorum orientalium et occidentalium, ac ducis Lotheriæ, uxoris jure, à quibus in quarto genere ortus est Arnoaldus, dux Lotheriæ, pater reverendissimi ac sancti patris Basini, ducis Lotheriæ ac archiflaminis sanctæ urbis Trevericæ.

Ego Petrus, indignus abbas monasterii Sancti-Maximini juxta Treverim, quæ de genealogia sancti patris Basini scripsi, ab ipso sancto patre accepi, dum curam monasterii Sancti-Maximini gereret.

Version en françois.

Basin, duc nay des ducz de Lothereine (que jadis les anciens appelèrent Mosellaine), archevesque de Trèves, métropolitaine de la Gaule Belgicque, non-seulement a esté engendré de très-noble, mais aussy de très-heureuse lignée. Touteffois, avant que narrer et déduire la vie et gestes dudict sainct Basin, nous a semblé bon premièrement raconter la source de son origine et extraction.

Il fust nay des ducs de Lothereine; son père estoit Arnoald, duc de Lothereine, et sa mère Ode, fille de Gonzo, duc de Swabe. Les cosmographes et les chronicqueurs tiennent la province de Lothereine avoir esté anciennement appelée Mosellane, d'un nom d'un prince bien renommé, nommé Mosellane, prince et duc, de Bavo, roy de Belges, et que icelle fut divisée en la haulte et basse Mosellane.

Avant laquelle division (qui fust afin qu'elle portast le nom de la haulte et de la basse Mosellane), elle estoit ceincte et environnée depuis la Bourgogne jusques en Frise de la mer Britannicque; de là s'extendoit depuis le fleuve de Seine jusques au Rhin, s'y extendant par le traict de la Moselle. L'une et l'autre desquelles, sçavoir la supérieure et inférieure, ont possédées les enfants de Mosellanus, jusques au règne de Cambro, lequel, venant de Pannonie, vaincquict ceulx de Belges et ceulx de Tongres, puis, poursuivant son bonhœur et désirant augmenter son honneur, assiégea la ville de Mosellanne, maintenant appellée Metz; de quoi Albo adverty, sortit avec ses Mosellans, à leur grande perte et détriment, car ilz furent tous deffaietz ; au moyen de quoy se rendit possesseur de ladicte ville et de tous les païs circonvoysins, lesquels possédèrent ses enfans jusqu'à la mort de Charles Inach, lequel fust mis à mort par Jules César en une bataille qu'ils eurent auprès de Besançon, qui fust le commencement de la bonne fortune de César, qui se conquit plusieurs païs et provinces.

L'an de la création du monde 3,914, du déluge 2,257, de la délivrance des enfans d'Israël de Babilonne 497, du règne d'Hircanus, roy et prince des Juifs 14, de l'Olimpiade 184, 4ᵉ du règne de Cleopatra 12ᵉ, du roy d'Egipte 1, de la fondation de Rome 704, du bannissement des rois 460, de la guerre des Gaules l'an dernier, et 48 devant l'Incarnation de Nostre Seigneur Jésus-Christ, ainsy que Jules César se fust retiré on chasteau de Clèves, anciennement appellé Graves, pour se rafreschir des grandz travaulx de la guerre, alors Charles Brabon, l'un de ses ducs et chevalier, qui, du chasteau de Megne qui venoit, lui compta toute la vie et les fortunes de sa sœur, nommée Germaine, et de ses nepveux et niepce ; car César estoit de sa nature clément et débonnaire, et, par désir d'amour fraternel, voulut incontinent les aller veoir, où parvenu, et s'estans entreveus, impossible leur fust de cacher ni dissimuler leur joye et contentement.

Afin doncques de revenir à nostre discours, César, pour accomplir sa promesse, luy donna la jeune Swave en mariage, avec toute sa terre, depuis la mer Ruthenicque, qu'on dict Norwège, jusqu'aux dernières limites des Nerviens (qui sont maintenant les Haynniers et Tournisiens), en comprenant la forest de Soigne et le fleuve de l'Escaut, jusqu'à la rivière de Jacca ; et fust dès lors ladicte contrée appellée Brabant, du nom de Brabon.

A Octavian, son nepveu, filz aisné de sa sœur Germaine, Swave, et de Charles Inach, donna le duché d'Agrippine, qu'on dict maintenant Coulogne, soubz le tiltre duquel estoit contenue toute la terre depuis le fleuve de Velne jusques aux fleuves d'Eyffle et Moselle, et jusques aux confins où la Sambre entre dans la Meuse; ensemble toute la terre qui est entre Meuse et Jacée, et voulut que ladicte contrée, dès lors en avant, fust appellée Germanie, et son nepveu Octavian surnommé Germain, du nom de sa sœur Germaine, qu'il avoit retrouvée. Auquel Octavian donna en espouse sa niepce Octavia, fille de Marc Actius, proconsul de Rome, et de Julie, sa sœur.

A Lother, son aultre nepveu, filz puisné de sa sœur Germeine, dicte Swave, et de Charles Inach, donna, en tiltre de duché et en toute souveraineté et jurisdiction, avec auctorité de pouvoir forger monnoye d'or et d'argent et de porter le blason de l'empire avec le sien (c'est asseavoir : d'or, à l'aigle à une teste de sable, parti de gueule, à la fasse d'argent, sur le tout un escarboucle pommeté et percé d'or), toute la terre depuis la Seine jusques au Rhin, laquelle des anciens estoit appellée Mosellane la haulte, en comprenant les fleuves de l'Escauld, Meuse et Moselle; laquelle contrée, dès lors, il commanda estre appelée, du nom de son nepveu Lother, en langue italienne Lotheringe, en allemand Lothercich, puis, quelque temps après, en françois, Lotherègne, et enfin, par retranchement d'aucunes lettres, Lorraine. Et oultre cela, César le maria à sa niepce Julie, fille de Marc Actius, proconsul de Rome, et de Julie, sa sœur, à laquelle Julie, sa niepce, donna en dot la ville nommée Julie, laquelle il avoit édifiée sur le fleuve de Sarre (que dès lors il nomma aussy Lothereich), et le chasteau appellé Julliers, qu'il avoit besti éz environs de Trèves; de laquelle Julie, aucuns temps après, il eust un filz nommé Vaquaneus, auquel, après le trespas de son père, les barons du pays feirent hommage comme à leur prince souverain, tout ainsy qu'ils avoient faictz à son père; duquel Vaquaneus issit en la quatorzième lignée une fille nommée Basine, espouse de Clodio-le-Chevelu, roy de France orientale et occidentale, et par icelle son espouse, duc de Lothereich; desquelz est issu en la quatrième lignée Arnoald, père de révérendissime et sainct père Basin, duc de Lothereich et archevesque de la saincte église de Trèves.

Je Pierre de Trèves, indigne abbé de Sainct-Maximin-lès-Trèves, certifie que ce que j'ay escrit de la généalogie du sainct père Basin, je luy ay ouy dire de mot à mot, luy estant abbé dudict monastère de Saint-Maximin.

—

Autre tesmoingnage d'Adelbert d'Andernach, abbé de Mettloch, extraict de la vie de saint Lutwin, duc de Lothereich et archevesque de Trèves.

Tempore Childeberti sive Hildeberti, eo nomine 2, regis Francorum orientalium et occidentalium, extitit quidam primas senatoriæ dignitatis regiique generis, Gervuino patre, filio Dagoberti, regis Francorum, et matre Goza, filia Arnoaldi, ducis Lotheriæ, nobilissimis ortus progenitoribus, qui in regenerationis fonte nomen sumpsit Lutwinus, qui, jam adultus, magno amoris privilegio amplectebatur avunculum suum Basinum, Treverensem archiepiscopum, matris suæ Gonzæ fratrem.

Sed antequam narrandi seriem incipiamus, quia domini Gervuini genesis nota est omnibus, juste duximus aliquid de genealogiâ dominæ Gonzæ et vocabuli Lothereich origine dissercre[1].

Hæc ex ducibus Lotheriæ progenita fuit, patre Arnoaldo ac matre Gonza, filia Gonzonis, ducis Sueviæ. Arnoaldus patrem habuit Ansbertum, senatorem, ducem Lotheriæ; avum Vuambertum, regem Francorum orientalium ac ducem Lotheriæ; proavum Albericum seu Alberonem, regem Francorum orientalium et ducem Lotheriæ; abavum Clodium Crinitum, regem Francorum orientalium et occidentalium ac ducem Lotheriæ; matrem Blitildam, filiam Clotarii, regis Francorum occidentalium; aviam Lucillam, sororem Zenonis, imperatoris; proaviam Argotam, filiam Theodorici, regis Ostrogothorum; abaviam Basinam, filiam Vuidelphi, ducis Lotheriæ, ac Basinæ, filiæ Gondengi, regis Burgundiæ, qui Vuidelphus filius fuit Martini, ducis Lotheriæ, ac Blanchæ, filiæ Alarici, regis Hispaniæ, qui fuit Ansigisi, ducis Loheriæ, ac Bransentis, filiæ Belæ[2], regis ac ducis Hunnorum, qui fuit Florentiæ, ducis Lotheriæ, et Gommatrudis, filiæ Atsardi, ducis Brabantiæ, qui fuit Frederici Lotheriæ, ac Blisildis, filiæ Clodii, regis Francorum Cymbrorum, qui fuit Cuniberti, ducis Lotheriæ, et Ceciliæ, filiæ Simetrii 4 comitis Salmorum; qui fuit Gengulphi, ducis Lotheriæ, ac Justinæ, filiæ Sinnæ, regis Gothorum; qui fuit Bermenridi, ducis Lotheriæ, et Andretæ, filiæ Teudonis, ducis Bavariæ; qui fuit Sigismundi, ducis Lotheriæ, ac Brunichildis, filiæ Fridlevidi, regis Daniæ; qui fuit Metropoli, ducis Lotheriæ, et Bonæ, filiæ Fastidæ, regis Gepidorum ac Pannoniæ; qui

---

1. Le texte donné par le P. Saleur porte : justum duximus genealogiam dominæ Gonzæ, et originem vocabuli Lotreick narrare.

2. Ce mot est omis dans le P. Saleur.

fuit Lotheri, ducis Lotheriæ, ac Herolieæ, filiæ Suerrigi, regis Saxoniæ; qui fuit Clodii, ducis Lotheriæ, ac Basinæ, filiæ Leonis, principis Leucorum; qui fuit Gundulphi, ducis Lotheriæ, et Priscianæ, filia Julii, ducis Brabantiæ; qui fuit Merovei, ducis Lotheriæ, ac Juscennæ, et Yelequinæ filiæ Donnogiri[1] junioris, principis Heduorum; qui fuit Vaquanei[2], ducis Lotheriæ, et Idoneæ, filiæ Epirogi, ducis Thuringiæ; qui fuit Lotheri, ducis Lotheriæ, ac Juliæ, filiæ Marci Actii, proconsulis romani, qui fuit Caroli Inach, regis Cymbrorum, Belgarum et Tungrorum, et Germaniæ, filiæ Lucii Julii, proconsulis Arcadiæ et Achaiæ, ac sororis Caii Julii Cæsaris; qui Cæsar, cum apud Grues, anno ultimo belli gallici, se quieti dedisset ex labore belli, à Sabino[3] Brabone, suæ militiæ principe, certo scivit sororem suam Germanam, cum filiis Octaviano, Lothero et Suuanna, magnam pati miseriam in castro Megne. Cæsar, sororem ac nepotes eripere à miseria cupiens, statim cum Salino[4] ad sororem ad castrum Megne transivit; quà visà ac nepotibus basiatis, solatia adhibuit; posteà, lapsis paucis diebus, Cæsar neptem suavam Braboni, militiæ suæ primario, qui matrem ac liberos latere in castro Megne prædicaverat, locavit, eique, dotis jure ac subducatus titulo, dedit totam terram à mari Ruthenico usque ad extremos fines Hannoniorum ac Tornanensium, percipiendo sylvam Soingne ac flumen Scaldim[5] usque ad rivum laceam, et eo tempore tota illa terra vocata est, de nomine Brabonis,

1. Il y a dans le P. Saleur : Ydoniæ, filiæ Onagrii.
2. Wacquanei.
3. Sylvio.
4. Sylvio Brabone.
5. Scaldin.

Brabantia. Octaviano, nepoti, ac Germanæ sive Suuanæ, sororis suæ, ac Caroli Inach, primogenito, transtulit, sub ducatus titulo, totam provinciam Agrippinorum, sub cujus dominio erat tota terra à Velve usque Eyffie et Mosellam fluvios, extremos fines Mosæ ac confinia ubi Scambra intrat Scaldim, cum terra illa quæ jacet inter Mosam et Iaccam; quam provinciam voluit, ex nomine sororis suæ Germanæ, Germaniam, et Octavianum nepotem Germanum appellari, cui et uxorem dedit Octaviam, neptem suam ac filiam M. Actii, proconsulis romani, ac Juliæ, sororis suæ. Lothero vero, nepoti, Carolique Inach ac Germanæ sive Suuanæ, sororis suæ, secundo genito, condonavit, cum summa potestate imperii jus dicere, ferire pecunias aureas simul et argenteas, ac portare insignia imperii cum suis, et sub ducatus titulo, totam terram à Sequana usque ad Rhenum fluvium, et hanc ante Cæsaris adventum majores nostri Mosellanam superiorem vocabant, percipiendo partem Heduorum, Scaldin, Mosam ac Mosellam flumina. Quam provinciam, ex tunc, sua voluntate, de nomine nepotis sui Lotheri, Lotheriam, linguà italicà Lotheringne, et germanicà Lothereich, jussit appellari; tamen, temporibus aliquot inter positis, dicta est, linguà gallicà, Lothercine; et posteà, remotis aliquibus litteris, Lorraine vocata est. Adhæc Juliam, neptem suam filiamque Marci Actii, proconsulis romani, ac Juliæ, sororis suæ, ei locavit cui et doti dedit Juliam urbem, quam super Sarram ædificaverat, quam et Lotheriam nominavit, italicè Lotheringe, germanicè Lothereich, et temporibus nostris, gallicè Lothercine; et Julium castrum, quod ad murum urbis Trevericæ construxerat. Ex qua Julia, nepte, post aliquot dies, genuit Vacquaneum, secundum ducem Lotheriæ.

Ego Adelbertus ab Andernach, indignus abbas monasterii de Mettloch, quæ de genesi beati patris Luttwini scripsi, ab ipso sancto patre accepi, non modo verbis sed et scriptis, 718.

Version en françois.

Régnant Childebert ou Hildebert II du nom, roy des François orientaulx et occidentaulx, régnoit en Lothereich un grand prince, nay de lignée royale, sçavoir de Gerrim, son père, filz de Dagobert, roi de France, et de Goza, sa mère, fille d'Arnoald, duc de Lothereine, lequel, purgé par le sainct lavacre de régénération, fut appellé Luthvin.

Cestui prince, parvenu à l'aage d'adolescence, commença à porter grand amitié à Basin, son oncle, qui fut archevesque de Trèves et frère de sa mère Gonza. Mais, premièrement qu'entrer plus avant en matière, et d'aultant que la généalogie de Gerrim est assez cognue, nous a semblé bon discourir aucunement de celle de Gonza et de la source et origine de ce nom Lothoringia.

Ceste dame Gonza print sa naissance des ducz de Lothereich; son père fust Arnoal, duc de Lotheirich, et sa mère Ode, fille de Gonzo, duc de Suabe. Le père d'Arnoald fut Ansbert, sénateur de Rome, duc de Lothereich; son ayeul Vambert, roy de France orientale, duc de Lothereich; son bisayeul Albéreich ou Albéron, roy de France orientale et duc de Lothereich; son trisayeul fut Clodio-le-Chevelu, roy de France orientale et occidentale, duc de Lothereich; sa mère fut Blitilde, fille de Clotaire, roy de France occidentale; son aycule Lucile, sœur de Zenon l'empereur; sa bisayeule Argotte, fille de Théodorich, roy des Ostrogotz; sa trisayeule fut Blasine

de Lothereich, fille de Videlphe, duc de Lothereich, et
de Basine, fille de Gondengus, roy des Bourguignons,
filz de Martin, duc de Lothereich et de Blanche, fille d'A-
laric, roy d'Espagne, filz de Ansisus, duc de Lothereich,
et de Basante, fille de Bela, roy et duc des Huns, filz de
Florens, duc de Lothereich, et de Gomatrud, fille d'Ar-
sard, duc de Brabant, fils de Frederich, duc de Lothereich, et de Blisilde, fille de Clovis, roy des Sycambriens;
François, filz de Cunybert, duc de Lothereich, et de Cé-
cile, fille de Cymetrius, 4e comte de Salm, filz de Gen-
gulphe, duc de Lothereich, et de Justine, fille de Cuma,
roy des Goths, filz de Bermenfroid, duc de Lothereich,
et de Andrette, fille de Tendon, duc de Bavière, fille de
Sigismond, duc de Lothereich, et de Brunehauld, fille de
Fridleind, roy de Dannemark, filz de Metropolus, duc de
Lothereich, et de Bonne, fille de de Fastida, roy des Ge-
pides et Panonnie, filz de Lother, duc de Lothereich, et
de Hérohée, fille de Puertigne, roy de Saxe, filz de Clo-
dio, duc de Lothereich, et de Basine, fille de Léon, prince
des Leuciens, filz de Gandulphe, duc de Lothereich, et
de Prisciane, fille de Jules, duc de Brabant, fille de Mé-
rové, duc de Lothereich, et de Josienne, fille de Clodion,
roy des Sycambriens, filz de Florent, duc de Lothereich,
et d'Ydegumère, fille de Donnogorus, le jeune, prince
d'Authun, filz de Vaquaneus, duc de Lothereich, et d'Y-
doma, fille d'Epigorus, duc de Thuringe, filz de Lother,
premier duc de Lothereich, et de Julie, fille de Marcus
Actius, proconsul de Rome, filz de Charles Inach, roy
des Cymbres belgiens et tongrois, et de Germaine, fille
de Lucius Julius, proconsul d'Arcadie et d'Achaïe, et
sœur de Caius Julius César; lequel César, ainsi qu'il se
fust retiré on chasteau de Grunes (maintenant de Clè-

ves), l'année dernière de la guerre des Gaules, pour illec prendre repos et relasche de ses grandz travaulx de la guerre, fut adverty par Salvinus Brabon, chef de sa gendarmerie, comme sa sœur Germaine, avec ses enfans Octavian, Lother et Swave, estoient en grande misère au chasteau de Megne; et César print grand pitié de sa sœur et de ses nepveux et niepce, et, pour les mettre hors de peine, s'y achemina dès incontinent avec ledit Salvinus Brabon, qui de ce luy avoit faict le rapport, pour veoir sa sœur; laquelle veue, ensemble ses nepveux et niepce, et leur ayant donné le baiser, les consola.

Peu de jours après, César donna sa niepce Swave en mariage audict Salvinus Brabon, et icelle dota de toute la terre depuis la mer Ruthenicque jusques aux dernières limites des Hanuyers et Tournysiens, en y comprenant la forest de Soigne et la rivière de l'Escauld, jusques au ruisseau de Iacea, et dès lors ladicte terre et contrée fut appellée, du nom de Brabon, Brabant. A Octavian, son nepveu et premier nay de Germanie ou Swave, sa sœur, et de Charles Inach, soubz tiltre de duché, donna la province des Agrippiniens, soubz laquelle estoit contenue toute la terre depuis les fleuves de Velne jusqu'à ceulx Eycele et Moselle, et jusques aux confins où la Sambre entre en la Meuse, avec toute la terre qui est entre Meuse et Iacea; laquelle province il voulut dès lors en avant estre appellée Germaine, du nom de sa sœur, et aussy ordonna que son nepveu Octavian fust nommé Germain; auquel il donna pour espouse, comme dict est, sa niepce Octavia, fille de Marc Actius, proconsul de Rome, et de Julie, sa sœur.

A Lother, son nepveu et second nay de Germaine ou Swane, sa sœur, et de Charles Inach, donna, en tiltre de duché et en toute souveraineté et juridiction, avec auctorité de forger monnoye d'or et d'argent, ensemble de porter les armoyries de l'empire avec les siennes, toute la terre depuis la Seine jusques au fleuve du Rhin ; laquelle contrée, avant l'advènement de César au païs des Gaules, noz ancestres appelloient Mosellane supérieure, y comprenant les fleuves de l'Escauld, Meuse et Moselle, avec une partie d'Authun ; laquelle province et duché, dès lors, de son auctorité et volonté, voulut estre appellée, du nom de son nepveu Lother, en latin Lotheriana et Lotheria, en italien Lotheringe, en allemand Lothereich. Toutes fois, quelque temps après fut appellée Lothereine, et puis, par retranchement et changement de quelques lettres, Lorraine. Et outre ce, César maria sondict nepveu avec sa niepce Julie, fille de Marcus Actius, proconsul de Rome, et de Julie, sa sœur, à laquelle donna en dot une ville nommée Julie, laquelle il avoit édifiée sur la rivière de Sarre, qu'il voulut dès lors estre appellée, en langue italienne Lotheringe, en allemand Lothereich, et de nostre temps, en langue françoise, Lothereine ; et avec ce luy donna son chasteau nommé Jules, lequel il avoit basti contre les murailles de Trèves. De laquelle Julie ledict duc Lother eut un filz, nommé Vaquancus, second duc de Lothereich.

Je Adelbert d'Andernach, indigne abbé de Mettloch, certifie que ce que j'ay escrit de la généalogie du sainct père Luthwin, je l'ay reçeu dudict sainct père, luy estant abbé dudict monastère, et non-seulement verbalement, mais aussy par escrit.

Combien que les tesmoingnages des révérendz pères cy dessus alléguez fussent suffisans pour monstrer comme 892 ans devant que Lothaire-le-Grand, empereur de

Rome, filz de Louis-le-Débonnaire, filz de Charles-le-Grand, commenceast à régner au duché de Lorraine, ledict duché a esté nommé et appellé Lotheringe, Lothereich et Lothereine, du vouloir de Jules César, et du nom de son nepveu Lother, filz de sa sœur, nommée Germaine, et depuis Swave, et de Charles Inach, si est-ce que, pour plus grande confirmation, est icy rapporté un troisième tesmoingnage qui déclare comme 188 ans avant ledict Lothaire, ledict duché estoit jà nommé Lothereich et Lothereine ou Lotheria, et que tant au duché supérieur que Mosellanicque ont régné ducz particuliers, dont il appert par la pancharte d'une donnation que Vuilderich feit à l'église Sainct-Estienne de Metz, dont voicy la teneur :

In nomine sanctæ et individuæ Trinitatis, amen. Ego, Vuildericus, comes, nobili prosapia procreatus, quomodo in vita mea egi omni venturæ generationi relinquendum curavi. Defuncto namque patre meo, scilicet Oacrio, Lotheriensi et Lotherianæ duce, nobilissimo qui à stirpe processerat Hilperic, regis Francorum, uxorem magnæ nobilitatis duxi, nomine Bertham, scilicet Metensis regis Sigiberti amytam : illi, dotis nomine, dedi allodium Haristeriensis villæ supra Mosellam positæ, cum omnibus appenditiis suis, sive citra, sive ultra positis. Non pauco enim tempore, cum magna lætitia mortalem duximus vitam. Sed quomodo, Dei judicio, hæredibus terrenis privati sumus, nescimus ; quapropter, divino consilio tacti, allodia nostra statuimus justiciæ servire et veritati, ita ut hereditate frueremur perenni. Erat autem Hasteriensis ecclesia à priscis temporibus à sancto Materno, Petri apostoli discipulo, consecrata, in qua sanctorum multorum continebantur reliquiæ, super omnia de Christi sanguine et de Matris ejus lacte ; etenim illas sanctus Serenus, episcopus, qui in Hasteriensi quiescit ecclesia, detulit ab Hyerosolyma, eodem tempore quo Joannes, episcopus, reliquias prothomartyris Stephani invenit in revelatione divina. Quia ergo in Hasteriensi ecclesia, maximæ continebantur reliquiæ, et quia uxor mea erat neptis sancti Arnulphi, Metensis episcopi, quondam ducis Lotheriæ superioris, communi consilio decrevimus allodia nostra tradere ecclesiæ Metensi, quæ pro omnibus ecclesiis habebatur insignis in toto regno terræ nostræ confinio. Siquidem Hasteriensis castelli, villam dictam Sancti-Stephani legaliter tradidi, ibique locum sepulturæ et uxoris meæ in monasterio Hasteriensi paravi, de quo ejectis clericis qui vice capellanorum Deo et mihi famulabantur, ibi in loco sanctimonialium congregationem statui, eisque abbatissimam nomine Halvitrudem, præfeci, cum quibus uxor mea jurabat se famulaturam Deo post obitum meum, si vita comes esset illi. Actum est hoc publice Metis, anno dominicæ Incarnationis 656, indictione duodecima, regnante Sigiberto, filio Dagoberti, in ipso anno quo obiit sancta Gertrudis.

Version en françois.

Au nom de la saincte et indivisée Trinité, amen. Je Vuilderich, comte, engendré et nay de noble génération, ay eu le soing de laisser mémoire à toute la postérité de ma vie et conversation. Après le décès doneques de mon père Oacrius, Lotherein, duc très-noble de Lothereine Mosellanicque, descendu de la lignée de Hilpérich, roy des François, j'ai épousé une femme de noble et excellente parenté, nommée Berthe, tante paternelle de Sigisbert, roy de Metz, à laquelle, pour douaire, j'ay donné mon héritage de la ville de Haristère, bastic sur la Meuse, avec toutes les despendances d'icelle, tant deçà que delà ladicte Meuse. Bien longtemps avant ceste donnation, nous avons vescu avec grande liesse ; mais comme, par divin jugement, nous sommes esté sans lignée et héritiers, nous n'en sçavons la cause ; parquoy, touchez du conseil divin, nous avons ordonné et arresté que noz héritages serviroient à justice et vérité, afin de parvenir à la fruition de l'héritage éternel. L'église de Hasterie avoit esté dès longtemps consacrée et béneiste par sainct Materne, disciple de sainct Pierre l'apostre, en laquelle reposoient les reliques et ossementz de plusieurs sainctz, et entre autres y avoit du sang de Nostre-Seigneur et du laict de la vierge Marie, et icelles sainctes relicques et ossementz avoit apportez de Hyérusalem Serenus, évesque, duquel le corps repose en l'église de Hasterie, au temps mesme que l'évesque Jean trouva le corps et reliques du prothomartyr sainct Estienne ; et pour ce qu'en ladicte église de Hasterie estoient gardées des reliques de grande saincteté, et que mon espouse estoit niepce de sainct Arnoul, évesque de Metz, jadis duc de Lothereine supérieure, nous avons, d'un consentement commun, proposé et délibéré donner noz héritages à l'église de Metz, laquelle, pour lors, estoit tenue pour la plus insigne de toutes les églises du royaume conlin de nostre terre ; car j'ay légalement donné à ladicte église la villa dicte Sainct-Estienne, dépendante du chasteau de Hasterie, auquel lieu et monastère Hasteriense j'ay choisy et désigné le lieu de ma sépulture et de ma femme ; duquel lieu, après avoir faict sortir les clercs qui y servoient à Dieu et à moy comme chappellains, j'y ay institué une congrégation de sanctimoniales et religieuses, et sur icelles estably une abbesse nommée Halvitrude, avec lesquelles ma femme promit et jura qu'elle y serviroit à Dieu, si elle me survivoit. Cecy a esté faict publiquement à Metz, l'an de l'Incarnation Nostre-Seigneur 656, indiction 12, régnant Sigisbert, filz de Dagobert, en cette année que mourut saincte Gertrude.

Par ces susdictes lettres authenticques apert clairement que, longtemps avant, sçavoir 188 ans que Lothaire commençeast à régner paisiblement, nostre duché se nommoit Lothercine, et en icelle reignoient ducz ; qui se doibt entendre des duchez de Lothereigne supérieure et Mossellanicque, et non de Lothercich inférieure, que Pepin Heristel, en l'honneur de sainct Arnoul, son père grand, et ses prédécesseurs, l'an 699[1]..... Car, au temps que reignoit Vuildericus, qui fit cette donation à l'église de Metz, ladicte ville de Lothereich n'estoit édiffiée, parquoy fault entendre estre icelle Lothereich et Lothercine, anciennement appellée Julie, que Jules César avoit édiffiée sur la Sarre, et de laquelle il changea le nom, et de Julie voulut que, du nom de son nepveu Lother, fust nommée Lothereich, et tous les païs comme icelle.

Cestuy Lother, doncques, après avoir demeuré quelques temps avec son oncle César et obtenu plusieurs priviléges, souveraineté, auctorité et pouvoir de faire fabriquer monnoies d'or et d'argent et autres semblables actz de souveraineté, aussy de porter avec ses armoiries, qui estoient de gueule à la fasse d'argent, sur le tout une escarboucle pommetée et percée d'or, les armes de l'empire, c'est asscavoir : d'or, à l'aigle à une teste de sable, il retourna en son païs et répara la cité de Trèves, remit sus la ville de Lothereich et establit que les Lothereich

---

1. Cette phrase est restée incomplète dans les manuscrits.

reccussent et gardassent dès lors en avant les loix, coustumes et cérémonies des Romains, et usassent de langage romain, par espécial en jugementz publicques. Ledict Lother régna 18 ans et jusques à l'an 10 de l'empire de son cousin germain Octavian Auguste, onquel an il mourut en sa ville de Lothereich, où il fut inhumé l'an de la création du monde 5,931, du déluge 2,274, délaissant de son espouse, madame Julie, fille de Marcus Actius, proconsul de Rome, trois enfans, scavoir : Vaquaneus (duc après lui), Octavian et Julie.

Se pouroit encor prouver par plusieurs autres documentz anciens que, par l'espace de plus de quatre, voir cinq cens ans avant Lothaire, et mesme avant et après qu'il y eust des rois d'Austrasie, ducz de Mossellane et rois de Lorraine, il y avoit des ducz de Lorraine, lesquelz régnoient et jouyssoient de leur patrimoine.

Entre aultres tesmoingnages, Wassebourg, en ses chronicques de la Gaule Belgicque, allègue une clause extraicte des anciens catalogues des évesques de Tongres (ausquelz ceux de Liége ont succédé) portant ce que s'en suit : Metropolis, filius Metropoli ducis Lotharingiæ ex Vngariæ regis filia, episcopus acclamatus est anno salutis 231.

Item. Gondulphus, ducis Lotharingiæ, filius ex filia Clotarii, Francorum regis, ordinatus est pontifex anno salutis 600, obiit anno 7ᵉ suæ administrationis. Tom I, feuilletz 154 (verso) et 155 (recto) et plusieurs aultres endroictz et passages.

Item. feuillet 184 recto dudict I tome, se voit que Gisilbert, duc de Lorraine, gouvernoit le royaume de Lorraine soubz les roys d'iceluy, mais ne laissoit d'en estre duc et de jouir de son patrimoine, sçavoir des terres et seigneuries où est encor de présent ledict duché de Lorraine. Mourut l'an 943, est inhumé à Remyremont.

Quant est des royaumes de Lorraine, Austrasie et duché de Mosellanne, en quel temps ilz ont respectivement commencé et prins fins, par qui et comment ilz ont esté tenus et possédez, j'espère (Dieu aydant) d'en dresser des tables par lesquelles le tout sera particulièrement et clairement déduict et discouru.

DESCRIPTION SOMMAIRE DES SINGULARITEZ DU DUCHÉ DE LORRAINE.

Le duché de Lorraine est environné et limité (fors en quelques endroitz du costé de la France) de haultes montagnes qui lui servent comme de fortes murailles et rempartz, et de grand nombre de fleuves et rivières fertiles en toutes sortes et espèces de poissons; limytrophe et voisin, des costez du midy et d'orient, des comtez de Bourgongne et de Férette, du Sungaw, de la plaine d'Aulsais[1], Wasgaw et Palatinat électoral; du costé de septentrion, des principautés des Deux-Pontz, Dos-de-Chien, archevesché de Trèves, duché de Luxembourg et de la France; et vers l'occident, du duché de Bar et partie du Bassigny. Il est enrichy de plusieurs belles et excellentes singularitez, si qu'outre les choses rares qui y sont, se treuvent peu de régions qui, en fertilité et en rapport de tout ce qui est nécessaire à la vie humaine (car seul et sans ayde d'aultres provinces et païs il se peult nourir et soustenir), luy soient égales, tant s'en fault qu'elles le surpassent; ayant en premier le sel, qui, en bonté naturelle et sans mixtion quelconque, excède tous

1. Alsace.

aultres en blancheur, pureté et salubrité, et en si grande abondance et quantité, que non-seulement les païs de Vostre Altesse, des éveschez et citez de Metz, Toul et Verdun, mais aussy les païs de la haulte et basse Aulsais, de Brisgaw, Sungaw, Férette, comté de Bourgongne en partie, Suisses, Luxembourg, Ardennes, partie du Palatinat, veoire quelques contrées de la France qui en sont secouruz, est abondant en froment, seigle, orge, espeautre, aveines, toutes espèces de légumes, de vins fort délicieux ; en bestail, pasturages, fontaines, rivières, lacs, estangs, forrestz, venaisons, gibiers, poissons et toutes aultres choses requises au soutien de la vie humaine. Entre tous les lacs et estangs qui y sont en fort grand nombre, le plus célèbre et signalé est celuy de Dieuze, vulgairement appellé le lac de Lindres, au milieu duquel est un très-ancien village avec son ban et finage nommé Tschempful[1], jadis bien cognu aux Romains, car on y treuve journellement des médailles antiques d'or, d'argent et de cuyvre, et des quarreaux de pierres taillées, avec inscriptions romaines. Entre les belles montagnes dont ledict païs est environné, celles de Vosges (tant célébrées par les poëtes et autheurs anciens, et appellées par nom collectif *Vosgesus mons*, comprenant toutes celles qui commencent du costé de Langres, costoient et séparent iceluy païs des comtez de Bourgongne, de Férette et de Langraviat d'Aulsais, jusques au-delà du Doz-de-Chien) tiennent le premier lieu pour la grande quantité d'argent, cuyvre, plomb, fer, acier, litharge et aultres métaulx qui se tirent journellement de ses veines[2] ; les

---

1. Tarquimpol.
2. Voy., dans les *Mémoires de l'Académie de Stanislas*, année 1851, *Recherches sur l'industrie en Lorraine*.

bains naturellement chauldz et ausquelz ceulx dudict païs et de plusieurs et diverses régions (encor que bien esloingnées) se retirent en grand nombre et affluence pour recouvrer guérison. Ne sont aussy à obmettre, entre aultres rivières, celles de la Voulongne, Nuny[1], qui produisent des perles approchantes en beauté les orientales[2]; les grandes tables de verres[3] de toutes couleurs qui se font en haultes forrestz de Vosges, èsquelles se treuvent à propos les herbes et aultres choses nécessaires à cest art, qui ne se recouvrent que fort rarement en aultres païs et provinces, dont une bonne partie de l'Europe est servie par le transport et trafic continuel qui s'en faict ez Païs-Bas et Angleterre, et puis delà aux aultres régions plus remotes et esloingnées; sans aultrement faire estat d'une quantité et nombre infiny de petitz et menus verres, les grandz mirouers en bassins et de toutes aultres façons qui se font ailleurs en tout l'univers. Les mynes d'azur naturel qui se treuvent ailleurs; les mynes de chalcédones, grenatz, agathes; les quarrières de marbre et jaspe de toutes couleurs, et alabastre en grande quantité; le grand nombre d'usines et moulins à papier[4], dont la plus grande partie de la Germanie est servie, et aultres semblables choses rares dont ceste noble province est ainsy douée et enrichie.

1. La Vologne et le Neuné.
2. Voy., à ce sujet, un mémoire de M. Godron, intitulé : *les perles de la Vologne* etc., publié dans les Mémoires de l'Académie de Stanislas, année 1869.
3. Voy., *les Gentilshommes verriers ou Recherches sur l'industrie et les priviléges des verriers dans l'ancienne Lorraine*, par M. Beaupré; et, dans les *Mémoires de l'Académie de Stanislas*, année 1849, *Recherches sur l'industrie en Lorraine*.
4. Voy. Ibid., année 1850.

De quelles provinces et bailliages est composé le duché de Lorraine.

Ledict duché est composé d'huict provinces ou bailliages, sçavoir :
Nancy.
Vosges.
Allemagne.
Vaudémont.
Espinal.
Chastel-sur-Moselle.
Hatonchastel.
Aspremont.

Et de quatre comtez, sçavoir :
Vaudémont,
Blâmont,
Biche et
Challigny.

Villes et chastellenies enclavées et annexées audict duché, qui ne sont pas de bailliages :
Blâmont.
Deneuvre.
Biche.
Sarbourg.
Aulbe.
Hombourg.
Sainct-Avol.
Pfalzbourg.
Marsal.
Sainct-Hyppolyte.
Le Val de Lièpvre.
Terre de Spitzemberg.
Sutzbach.

Bailliage de Nancy.

Soub ledict bailliage est la prévosté et chastellainie de

Nancy, de laquelle, pour l'esgard des fiedz, foid, hommages et aydes extraordinaires, dépendent les terres et seigneuries qui ensuivent, sçavoir :

Le comté de Challigny,
Terres de L'avantgarde,
Du Chastelet,
De Pierrefort et de Hey,
De Commercy, pour la moitié contre les sieurs comtes de la Roche.

Item, les prévostez, receptes et chastellainies de Rozières,

Einville,
Lunéville,
Azerailles,
Raon,
Sainct-Diey,
Amance,
Prény,
Condé,
Gondreville.

Ez prévosté et chastellainie de Nancy sont les chasteaux, villes, bourgs et villages qui s'ensuivent, premier :

Les villes, bourgs et village du domaine de Vostre Altesse.

1¹. Nancy, palais et résidence ordinaire du prince souverain et ville capitale de tout le duché, en laquelle est establi l'arsenal et la Monnoye. Y sont les abbayes de Sainct-Martin², églises collégiates de Sainct-George et

---

1. Nous indiquons, à la fin de l'Introduction, pour quel motif on a adopté ce numérotage, qui n'existe pas dans le manuscrit.

2. L'abbaye de Saint-Martin-lès-Metz, transférée au prieuré Notre-Dame.

Sainct-Michel ; les monastères et couventz des dames Prescheresses, des Cordeliers, Minimes, Capuchins et sœurs de l'ordre de Sainct-François.

2. Sainct-Nicolas, anciennement Port, beau et grand bourg, renommé par toute l'Europe ; prieuré dépendant de l'abbaïe de Gorze, ordre de Sainct-Benoist.

3. La Malgrange, chasteau et maison de plaisir, ez portes dudict Nancy.

4. Le Saulruz, de mesme.
5. Arth-sur-Meurthe.
6. Champigneulles.
7. Dombasle.
8. Frouart, bourg et chasteau.
9. Giradcourt.
10. Haillecourt.
11. Houdemont.
12. Houdelmont.
13. Jarville.
14. Laixou.
15. Loupcourt.
16. Ludres.
17. La Neufville.
18. Malzéville.
19. Marchainville.
20. Manoncourt.
21. Pullenoy.
22. Pierreville.
23. Parey-Sainct-Cæsar.
24. Remycourt.
25. Richardmesnil, deux chasteaux et village.
26. Varengéville.
27. Vendeuvre, prieuré dépendant de l'abbaye de Sainct-Epvre.
28. Ville-en-Vermois.
29. Viller

Nancy pour le clergé.

30. Azelot.
31. Anthelu.
32. Bouxières, abbaye de dames de l'ordre de Sainct-Benoist[1].
33. Burthecourt.
34. Clerlieu, abbaye de l'ordre de Cisteau.
35. Crevic.
36. Sainct-Don, prieuré dépendant de Sainct-George de Nancy.
37. Eumont.
38. Flainvau.
39. Flavigny, prieuré et trois villages.
40. Grandvezain.
41. Hudiviller.
42. Lay, prieuré et village.
43. Mangonville.
44. Roville, prieuré et village.
45. Sommerviller.
46. Warengeville, prieuré.

Pour les fiedvez.

47. Benney.
48. Bosserville, chasteau et village.
49. Crevechamps.
50. Crantenoy.
51. Ceintrey.
52. Dombasle, chasteau et village.
53. Dommartemont.
54. Essey, chasteau et village.
55. Fléville, chasteau et village.

---

1. A l'époque où écrivait le président Alix, l'abbaye de Bouxières devait être sécularisée et transformée en un chapitre de chanoinesses nobles.

56. Gerbercourt.
57. Harouel, chasteau et village.
58. Herbelmont.
59. Happlemont.
60. Jevoncourt.
61. Jarville.
62. Lenoncourt, chasteau et village.
63. Lemainville.
64. La Neufville-lès-Bayon.
65. Méréville, chasteau et village.
66. Messien.
67. Maron.
68. Malzéville.
69. Neufviller, chasteau et village.
70. Ormes, chasteau et bourg.
71. Offracourt.
72. Pulligny, chasteau et village.
73. Pisserécourt.
74. Remycourt, chasteau.
75. Sainct-Marc, chasteau et village.
76. Séchamps.
77. Sainct-Remymont.
78. Saulxures.
79. Vaudeville.
80. Tomblaine.
81. Vaudigny.
82. Vannemont.
83. Ville-sur-Madon.
84. Xirocourt.
85. Juvoncourt.

La terre de L'avantgarde.

87. L'avantgarde, chasteau.
88. Pompé.
89. Marbache.
90. Saizerey-Sainct-George.
91. Saizerey-Sainct-Amand.

Terre de Pierrefort.

92. Avrainville.
93. Belleville.
94. Blénod.
95. Le Fay.
96. Grisecourt.
97. Gisainville.
98. Gisoncourt.
99. Saincte-Genefviefve.
100. Le Petit Sainct-Jean.
101. Mammey.
102. Martincourt.
103. Montauville.
104. Pierrefort, chasteau.
105. Rosières-en-Hey.
106. Regniéville.
107. Reménoville.
108. Villey-en-Hey.

Terre de Hey.

109. Fleurey.
110. Fay.
111. Limey.
112. Mammey.
113. Montauville.
114. Madières.
115. Reménoville.
116. Regniéville.

Terre du Chastelet.

117. Le Chastelet, chasteau et village.
118. Attigny-la-Tour.
119. Attignéville.
120. Couxey.
121. Harchéchamps.
122. Fruze.

123. Oultrancourt, chasteau et village.
124. Pontpierre.
125. Rouve-la-Chestifve.
126. Sartes.

Comté de Challigny.

127. Challigny.
128. Le Pont Sainct-Vincent, chasteau et bourg.
129. Le Vaul.
130. Les Neuves-Maisons, prieuré et village.
131. Chavigny.
132. Lorey-lez-Bayon.

Terre de Commercy, souveraineté de Lorraine, contre les comtes de la Roche.

133. Commercy, ville et deux chasteaux, église collégiatte.
134. Vignot, bourg.
135. Malomont.
136. Melligny-le-Grand.
137. Melligny-le-Petit.
138. Vaulx-la-Grande.
139. Vaulx-la-Petite.
140. Chonville.
141. Longeau.
142. Sainct-Aulbin.
143. Reloville.

Prévosté et chastellainie de Rosières.
Domaine.

144. Rosières, ville, chasteau et sallines.
145. Einvau, partie.
146. Dommart-aux-Bois pour le tiers et les deux tiers à Chastel.
147. Monzey.
148. Portessieux, jumenterie et maison de mesnage.

149. Sainct-Remy-aux-Bois pour la moitié, l'aultre moitié à Chastel.
150. Venaisey, partie.

Clergé.

151. Blainville.
152. Borville.
153. Essey.
154. Froville, prieuré et village.
155. Haigneville.
156. Méhoncourt.
157. Moriviller.
158. Moyenmont.
159. Prieuré de Gerbéviller.
160. Virecourt.
161. Venaizey.
162. Prieuré de Neufviller.
163. Prieuré de Landécourt.
164. Prieuré de Gerbéviller[1].

Fiedvez.

165. Bayon, chasteau et bourg.
166. Barbonville.
167. Charmois.
168. Coyviller.
169. Clayeures.
170. Damelevières, chasteau et village.
171. Blainville, chasteau et village.
172. Domtaille.
173. Dynviller.
174. Domepvre.
175. Bremoncourt, chasteau et village.
176. Froville, chasteau, village et prieuré.
177. Franconville.
178. Ferrières.

1. Double emploi avec le numéro 159.

179. Faulconcourt.
180. Fraimbois.
181. Gerbéviller, chasteau, ville et prieuré.
182. Girivilier.
183. Haussonville, chasteau, village et église collégiatte.
184. Landécourt.
185. La May.
186. Méhoncourt, chasteau et village.
187. Magnières, chasteau et bourg.
188. Marxey.
189. Mattexey.
190. Morainviller.
191. Sainct-Pierremont.
192. Romont, prieuré et village.
193. Remenoville.
194. Rozereulles.
195. Romain.
196. Saffais.
197. Sainct-Mars.
198. Saincte-Marie.
199. Sainct-Maurice.
200. Serainville.
201. Tonnoy, chasteau et village.
202. Velle.
203. Valois.
204. Vigneulles.
205. Chamagne.

Prévosté et chastellainie d'Einville.
Domaine.

206. Einville, chasteau, ville et parc.
207. Bonviller.
208. Crion.
209. Parroye, deux chasteaux et village, partie.
210. Hénamesnil.
211. Séonviller.
212. Bienville-la-Petite.

Clergé.

213. Léomont, prieuré.
214. Bonneval, prieuré.
215. Vitrymont.
216. Bures.
217. Xousses.
218. Bathelémont, rue de la Court.
219. Lezey.

Fiedvez.

220. Harraucourt, chasteau et ville.
221. Haucourt.
222. Arracourt.
223. Bauzemont, chasteau et village.
224. Parroye, cy-dessus.
225. Drouville.
226. Valhey, chasteau et village.
227. Raville.
228. Marches.
229. Cryon.
230. Gellenoncourt.
231. Hénamesnil.
232. Séonviller.
233. Foucquerey.
234. Athienville.
235. Bienville-la-Petite.

Prévosté et chastellainie de Lunéville.
Domaine.

236. Lunéville, chasteau, ville, abbaye de l'ordre régulier de sainct Augustin, commanderie, couvent de sœurs de l'ordre de sainct François.
237. Viller.
238. Mesnil.
239. Rehainviller.
240. Moncel.

241. Harymesnil.
242. Adomesnil.
243. Domepvre, partie.
244. La Neuville-aux-Bois, partie.

Clergé.

245. Beaupré, de l'ordre de Citeaux.
246. Beauchamps, abbaye de l'ordre régulier de sainct Augustin.
247. Vardenay.
248. Prieuré de Manonviller.
249. Giriviller.
250. Prieuré de Beaulieu.
251. Bénasmesnil.
252. Marainviller.
253. Hatonville.
254. Thiébaumesnil.

Fiedvez.

255. Haüonviller, chasteau et village.
256. Vihuviller.
257. Serres, chasteau, village et couvent de Minimes.
258. Glonville.
259. Blainville, chasteau et village.
260. Domgevin.
261. Xermamesnil.
262. Harymesnil.
263. Mont.
264. Mortane.
265. La May.
266. Chantebeu.
267. Athienville.

Prévosté d'Azerailles.

268. Azerailles.
269. Flin.
270. Bandemesnil, partie.

271. Gellaucourt.
272. Glonville, partie.

Prévosté et chastellainie de Sainct-Diey.
Domaine.

273. Sainct-Diey, ville, chasteau, église collégiatte insigne.
274. Lubine.

La terre de la Warde de Wysembach, sçavoir :

275. Wysembach, où sont les fonderies pour les mynes de la Croix.
276. Repas.
277. Layegoutte.
278. Bonypaire.
279. Combrymont.
280. La Vapillière, en partie.

Le ban d'Anoul, sçavoir :

281. Anoul.
282. Saincte-Marguerée.
283. Deuveline.
284. Challegoutte.
285. Spadanges.
286. Le Paire.
287. La Souche.
288. Venchières.
289. Le Vic.
290. Breconcel.
291. Les Gouttes.
292. La Hardal.

La mairie de la Croix, où sont mynes d'argent, plomb et de cuivre.

293. La Croix.
294. Le Chipal.
295. La Treize.

296. Sardey.
297. La Prée.
298. Quebruz.
299. Verpillière.
300. Allegoutte et
301. Leuveline, village et chasteau ruiné.

La terre de la Warde du Saulcy.

302. Lubine, fonderie pour la myne Nostre-Dame de Lusse.

Le ban le duc de Cleuvecy, sçavoir :

303. Cleuvecy.
304. Herwanfrain.
305. Seichemont.
306. La Vy.
307. Breconcel.
308. Rualmont.

Raon.

Domaine.

309. Raon, ville au-dessus de laquelle est le chasteau ruyné de Belregard. Tout contre ladicte ville un couvent de religieux de l'ordre de sainct François.
310. La Neuville.
311. Vezeval.
312. La Trouche.

Sainct-Diey et Raon pour le clergé.

313. La ville dudict Sainct Diey, partie au chapitre.
314. La ville de Raon, partie à l'abbé de Moyenmoustier.

Ban Sainct-Diey.

315. Le Viller.
316. Mazellay.

317. La Poucherée.
318. Robache.

Ban de Cleuvecy, sçavoir :

319. Cleuvecy.
320. Seichemont.
321. Souche.
322. Les Pilliers.
323. Vanifosse.
324. Neufviller.

La mairie Saincte-Margueréc, sçavoir :

325. Saincte-Margueréc.
326. Le Fain Messire Thiéry.
327. La Voyvresse.
328. Romomey.
329. La Terre Faulquet.
330. La Cachée Rue.
331. Hallieure.
332. La Grande-Fosse.

Le ban d'Estival, sçavoir :

333. Estival, abbaye de l'ordre de Prémonstré.
334. Nonpatelise.
335. Willerville.
336. Brechymont.
337. La Thisserandie.
338. Herbauville.
339. Saulxeray.
340. La Bourgonce.
341. La Salle.
342. Sainct-Remy.
343. Le Mesnil.
344. La Fosse.
345. Pageolle.
346. Le Vivier.
347. Dayefosse.

Ban de Moyenmonstier.

348. Moyenmonstier, abbaye de l'ordre de sainct Benoist, ledict ban sçavoir :
349. Sainct-Blaise.
350. Sainct-Prayer.
351. La Paire.
352. La Chapelle.
353. Denypaire.
354. Le ban d'Aray.

La mairie de Mandray, sçavoir :

355. Mandray, au chapitre.
356. La Haulte-Mandray.
357. L'Emmy-Mandray.
358. La Basse-Mandray.
359. Benyfosse.
360. Entre deux eaux.
361. Remymont.
362. Fouchifol.
363. La Cachée Rue.
364. Hallieure.

La mairie de Meurthe, audict chapitre.

365. Scaruz.
366. Vannemont.
367. Sainct-Léonard.
368. Girompaire.
369. Moncel.
370. La Ruelle.
371. Saulcy.
372. Contramolin.
373. Le Chesnois de Saulcy.

La mairie de Bertrimonstier, audict chapitre.

374. Bertrimonstier.
375. Frappelle.

376. Provenchières.
377. Vanifosse.
378. Layegoutte.

Fiedvez.

379. Lusse.
380. Lusseux.
381. Herbeaupaire.
382. La Payne.

Le ban de Teintruz, sçavoir :

383. Teintruz, chasteau et village.
384. Xintain.
385. Le Payre.
386. Chawry.
387. Rougiville.
388. La Murlusse.
389. La Petite-Fosse.

Le ban de Sept, sçavoir :

390. Rouau.
391. Les Foulz.
392. Chattay.
393. Nahuemont.
394. Le Fratteux.
395. Germainfain.
396. La Goutte de Bouray.
397. La Volnoy.
398. Frayemont.
399. La Fontenelle.
400. Laistre.
401. Coinche.
402. Fourchifol.
403. Contramoulin.

Le ban de Sardey, sçavoir :

404. Sardey.

405. Clingoutte.
406. Sainct-Léonard.
407. Le Moncel.
408. Anouzel.
409. Aubripaire.
410. Le Cours.
411. Provenchières.

Le ban de Lusse, sçavoir :

412. Lusse.
413. Lusseux.
414. Herbeaupaire.
415. La Pargée.
416. Trois-Maisons.
417. Tanviller, chasteau et village.
418. Boulay.

La mairie de Leaveline.

419. Leaveline, village et chasteau ruiné.
420. Ramont
421. Honville.
422. La Treuxe.
423. Coinchymont.
424. Velupaire.
425. Quebruz.
426. Verpillière.
427. Wysembach.
428. Nonepaire.

Le ban de Hurbache.

429. Hurbache, chasteau et village.
430. Sainct-Jean d'Ormont.
431. La Voyvre.
432. La Rouvière.
433. Colroy.
434. Raves.
435. Neufviller.

436. Combrimont.
437. Gehinfosse.
438. Grand-Ruz.
439. Le Paire de Grand-Ruz.
440. Nahuemont.
441. Gerfvainfain.

Le ban de Fresse.

442. Belrepaire.
443. Mauzeville.
444. Les Aulnes.
445. Clairegoutte.
446. La Costelle.
447. Menemel.
448. Scaruz.
449. Plainfain.
450. Noiregoutte.
451. Halaruz.
452. Le Veltin.
453. Aubripaire.

Prévosté et chastellainie d'Amance.
Domaine.

454. Amance, ville et chasteau.
455. Chasteau-Sallin, salines, chasteau, bourg et couvent de sœurs de l'observance de sainct François.
456. Salone, salines, bourg et prieuré.
457. Laistre, ville et prieuré.
458. Amelecourt.
459. Courbessault.
460. Villier-lez-Mouveron.
461. Grand-Bouxières.
462. Cuelle.
463. Molin.
464. Agiencourt.

Clergé.

465. Blanzey, prieuré.
466. Oultremont, prieuré.
467. Salone.
468. Lucy.
469. Vannecourt.
470. Fraisnes.
471. Champenoult.
472. Sorneville.
473. Aboncourt.
474. Mazereulles.
475. Layes.
476. Vaxey.
477. Gerbécourt.
478. Lebécourt.
479. Puttigny.
480. Morville.
481. Moyveron.
482. Courbessault.
483. Ohéville.

Fiedvez.

484. Going, chasteau et village.
485. Dommartin, chasteau et village.
486. Cercueur, chasteau et village.
487. Neuflotte, chasteau et village.
488. Brin, chasteau et village.
489. Byoncourt, chasteau et village.
490. Ajoncourt, chasteau et village.
491. Thiecourt, chasteau, village et prieuré.
492. Clémery, chasteau et village.
493. Panges, chasteau et village.
494. Mont.
495. Colligny.
496. Allincourt.
497. Armacourt.

498. Lanfroicourt.
499. Ruz-lez-Mouveron.
500. Arrée.
501. Thimonville.
502. Vaulthimont.
503. Redigny.
504. Chiecourt.

Ban Sainct-Pierre, sçavoir :

505. Vairemont.
506. Stoncourt.
507. Viller et
508. Albrich.
509. Hamanges.
510. Jallacourt.
511. Aboncourt, ban de Chattemagne.
512. Xousses, aliàs Sultzen.
513. Brulanges.
514. Trouville.

Chastellainie et mairie de Condé et Val des Faulx.
Domaine.

515. Condé, chasteau et village.
516. Faulx-Sainct-Pierre.
517. Faulx Sainct Estienne.
518. Malleloy et
519. Montenoy.

Clergé.

520. Millery et
521. Autreville.

Prévosté et chastellainie de Preny.
Domaine.

522. Preny, chasteau et ville.
523. Vandelainville.
524. Arnaville.

525. Vendières.
526. Champel.
527. Hageville.
528. Villecey-sur-Maz.
529. Pargny.
530. Regnieville.
531. Viller-soubz-Preny.

Clergé.

532. Saincte-Marie-aux-Bois, abbaye de l'ordre de Prémonstré.
533. Viefville.
534. Villecel-sur-Trin.
535. Nourroy.

Fiedvez.

536. Chamblé, chasteau et village.
537. Buzy, chasteau et village.
538. Jaulny, chasteau et village.
539. Mars-la-Tour, chasteau et village.
540. Sainct-Jean.
541. Profondruz.
542. Haucourt.
543. Darmont.
544. Bayonville.
545. Cuvery.
546. Prenoy ou Pounoy-la-Chétifve.
547. Boncourt.
548. Vendières.

Prévosté et chastellainie de Gondreville.
Domaine.

549. Gondreville, palais et ville.
550. Baigneux.
551. Sanzey.

Clergé.

552. Abbaye de Sainct-Epvre-lez-Toul, de l'ordre de sainct Benoist.
553. Viterne.
554. Sexey-aux-Forges.
555. Mallonville.
556. Colombier.
557. Viller-le-Sec.
558. Bagneux.
559. Selaincourt.
560. Allain-aux-Bœufz.
561. Crezilles.
562. Manoncourt.
563. Crepey.
564. Thuilly.
565. Angery.
566. Marthemont.
567. Ochiet.

Villages du chapitre de Toul qui sont des sauvegardes de Son Altesse soubz ladicte prévosté de Gondreville, sçavoir :

568. Voed, chasteau et village.
569. Viller-Sainct-Estienne.
570. Lagny.
571. Lucy.

Fiedvez.

572. Fontenoy, chasteau et village.
573. Vannes, chasteau et village.
574. Ochiet.
575. Jubainville.
576. Saulxures.
577. Mont-le-Vineux.
578. Velaine-lez-Bois.

579. Sexey-lez-Bois.
580. Bulligny.
581. Viller-le-Sec.

Bailliage de Vosges.

Soubz ce bailliage sont les prévostez et chastellainies de

Bruyères,
Arches,
Fontenoy-en-Vosges,
Charmes,
Mirecourt,
Remoncourt,
Dompaire,
Valfroicourt,
Darney,
Chastenois,
Neufchasteau.

Premier.
La prévosté et chastellainie de Bruyères.
Domaine.

582. Bruyères, chasteau et bourg.
583. Le Champ-le-Duc.
584. Vymesnil.
585. La Neufville.
586. Decymont.
587. Grandviller.
588. Memesnil.
589. Fontenay.
590. Aidolles.
591. Dompierre.
592. Coursieux.
593. Macymont.
594. Rennegoutte.
595. Neune.
596. Thiriville.

597. Docelles.
598. Vraichamps.
599. Pierrepont.
600. Gugnecourt.
601. Girecourt.
602. Ivou.
603. La Chappelle.
604. La Rosière.
605. Amonzey.
606. Jussaruz.
607. Hapelmont.
608. Prey.
609. Laval.
610. Leaveline.
611. Granges.
612. Champdray.
613. La Nol.
614. Vietville.
615. Brouramont.
616. Bullegoutte.
617. La Coste.
618. Vichibure.
619. Les Courtz.

Clergé.

620. Rehaupault.
621. Byfontaine.
622. Lespouillière.
623. Champdray.
624. Champ de Laxey.
625. Nonziville.
626. Le Roulier.
627. Charmois.
628. Bayecourt.
629. Domepvre-sur-Durbion.
630. Villoncourt.
631. Rennegoutte.

632. Destord.
633. Fremyfontaine.
634. Decymont.

Bans de Grandviller et Dompierre.

635. Vymesnil.
636. Aidolles.
637. Fontenay.
638. Mesmesnil.

Ban de Vaudicourt.

639. Fontenay.
640. Aidolles.
641. Charmois.
642. Le Roullier.
643. Mozeville.
644. Girecourt.

Ban de Belmont.

645. Brouvelieures.
646. Donfain.
647. Mortane.
648. Rehaupault.
649. Destort.
650. Nonzeville.
651. Byfontaine.
652. Lespouillière.

Ban de Bayecourt, sçavoir :

653. Bayecourt.
654. Domepvre.
655. Villoncourt.

Fiedvez.

656. Lespange.
657. Fymesnil.
658. La Roussière.
659. La Coste.
660. Gerbepault.

661. Brouvelieures.
662. Donfain.
663. Mortane.
664. Belmont.
665. Le Void de Belmont.
666. Serou.
667. Vichibure.
668. Rexurieux.
669. Rambeville.
670. Chenusmesnil.
671. Chasteau-sur-Perle.
672. Granges.
673. Girecourt, chasteau et village.
674. Fremyfontaine.
675. Domepvre-sur-Durbion, chasteau et village.
676. La Vervezelle.

Seigneurie de Faulcompierre.

677. Faulcompierre, chasteau ruiné.
678. Les Foulz.
679. Sainct-Jean-du-Marché.
680. Le Boullay.

Prévosté et chastellainie d'Arches.
Domaine.
Le ban d'Arches.

681. Arches, chasteau et ville.
682. Arches, village.
683. Archette, franc fied.
684. Giromesnil.
685. Gimesnil.
686. Allamesnil.
687. Anneufmesnil.
688. Hadon.
689. Les Royes.
690. Senaydes.

691. Le Sautel.
692. Le Roullier de Dounoux.
693. Pouxey.
694. Clairegoutte.
695. La Chambre de Molin.
696. Ranfain.
697. Le Verd-Corrois.
698. Olychamps.
699. Rouverois.
700. Outreleau.

Le ban de Tendon.

701. Tendon.
702. Leaveline de Houx.
703. Chamontaruz.
704. La Hutte.
705. La Poirie.
706. Demenge-Champs.
707. Hennezel.
708. Les Monnelotz.

Ban de Bellefontaine.

709. Le Mesnil.
710. Raon.
711. Milleronfain.
712. Le Pont-Janson.
713. Le Pont-de-Pierre.
714. Le Jallerel.
715. Plombières, bains naturellement chaudz et prieuré.

Ban de Molin.

716. Molin.
717. La Forresterie.
718. Seuch.
719. Senevois.
720. Auterive.

721. Mehachamps.
722. Nailleviller.
723. Sainct-Avet.
724. Sainct-Estienne.

Ban de Vagny.

725. La Grande Mairie.
726. Vagny.
727. La Poyrie.
728. Pubas.
729. Contrexart.
730. Gerbaumont.
731. Cremonviller.
732. Vielxart.
733. Nol.
734. Lesiol.

La mairie des Usuaires.

735. Pubais.
736. Breire.
737. Trugemont.
738. Les Amyas.
739. Les Graviers.
740. Rougesson.
741. Planoy.
742. Poirie de Saulxures.
743. Gerbaumont.
744. Peccaviller.
745. Jainviller.
746. Enssens-la-Ville.
747. Giradmer, beau lac et vi''- 3e.
748. La Bresse.

La Grande Mairie du ban de Lonchamps.

749. Lonchamps.
750. Franoult.
751. Ruz.

752. La Poyrie.
753. Vescoux.
754. Reherey.
755. Lespange.
756. La Dermanville.
757. La Roche.
758. Remanviller.
759. Le Chesne.
760. Saulx.
761. Liebauxart.
762. Ferdruz.
763. Xouaruz.

La Grande Mairie du ban de Ramonchamps.

764. Ramonchamps.
765. Lestraye.
766. La Moline.
767. Lestat.
768. Sainct-Maurice.
769. Busans.

Clergé.

770. Remyremont, ville et abbaye de dames de l'ordre de sainct Benoist[1].
771. Le Sainct-Mont, prieuré de l'ordre de...[2]
772. Hérival, prieuré de l'ordre de prémonstré.
773. Pont.
774. Selle.
775. Quessonville.
776. Rouveroy.
777. Sainct-Estienne.

---

1. Cette abbaye était sécularisée à la fin du xvie siècle.

2. Originairement de l'ordre de Saint-Benoît, puis de l'ordre de Saint-Augustin, les Chanoines réguliers y furent remplacés, en 1625, par des religieux de la congrégation de Saint-Vanne et de Saint-Hidulphe.

778. Dommartin.
779. Raon-aux-Bois.
780. Franoult.
781. Sainct-Amet.

Le Val-d'Ajou.

782. La Bastelieule.
783. La Coste.
784. Le Moncel.
785. La Croix.
786. La Banvoye.
787. Leyval.
788. Fraymont.
789. Colruz.
790. Les Chesnes.
791. Hamauxart.
792. Oultremont.
793. Les Champs.
794. Laistre.
795. Larrière.
796. Dandirand.
797. Combelgoutte.
798. Le Haryol.
799. Olychamps.
800. Nexille.
801. Les Fains-Potalz.
802. Bonchastel.
803. Plombières, en partie.

Fiedvez.

804. Jcharmesnil.
805. Moussou.
806. Dounou.
807. Urymesnil.
808. Geromesnil.
809. Moyenpault.
810. Uzemain.

811. Bains.
812. Raon.
813. Les Francs-Chasaulx.
814. Longuet.
815. Sainct-Nabvoir.

Ban de Vagny.

816. Vagny.
817. La Forresterie.
818. Sapois.
819. Rougesson.
820. Lessol.
821. Planoy.
822. Baymont.
823. La Poirie.
824. Les Amyas.
825. Peccaviller.
826. Jainviller.
827. Bresle.
828. Fontaine.
829. Cremanviller.
830. Brehanviller.
831. Bains.
832. Le Chesnois.
833. Xousses.
834. Cornymont.
835. Ventron.

La mairie de Longchamps.

836. Lespange.
837. Maxonchamps.
838. Ruz.
839. L'Estat.
840. La Roche.
841. Ferdruz.
842. Franoult.
843. La Coste.

844. La Poirie.
845. Baymont.
846. Forresterie du ban de Longchamps.
847. Fresse.
848. Le Prey.
849. Demeruz.
850. Le Mesnil.
851. Sainct-Maurise.
852. Le Charmois-devant-Bains.

Terre de Fontenoy.

853. Fontenoy, baronnie, chasteau et village.
854. Fontenoy-la-Ville.
855. Le Mesnil.
856. Montmonstier.
857. Tremonxey.

Terre de l'Allœud.

858. Xartigny.
859. Amerey.
860. Gardelmont, chasteau et ville.
861. La Forrest.
862. La Franouze.
863. Granges.
864. Gremefontaine.
865. C'erjus.
866. La Chappelle.
867. Razey.
868. Fougerolles, chasteau et village.

Prévosté et chastellainie de Charmes.
Domaine.

869. Charmes, ville et chasteau ruiné.
870. Rugny.
871. Florémont.
872. Bralleville.

873. Germonville.
874. Gripport.
875. Socourt.
876. Brantigny.
877. Vincey au ban des Chesnes.

Clergé.

878. Xugney, commanderie et village.
879. Gugney-aux-Aulx.
880. Encegney.
881. Battigny-Sainct-Brice.
882. Le Val.
883. Le Mesnil.
884. Gripport.
885. Socourt.
886. Sainct-Firmin.

Fiedvez.

887. Savigny, chasteau et village.
888. Rappel.
889. Battigny-Sainct-Brice.
890. Ubexey, chasteau et village.
891. Viefville.
892. Sainct-Firmin.
893. Le Val.
894. Le Mesnil.
895. Gugney-aux-Aulz.
896. Bralleville.
897. Germonville.
898. Xironcourt et Juvoncourt (le ban de).

Prévosté et chastellainie de Mirecourt et Remoncourt.

Domaine.

899. Mirecourt, ville.
900. La Neufville-soubz-Montfort.
901. Remoncourt.
902. Bazailles.

903. Vivier.
904. Hymont.
905. Mattaincourt.
906. Vroville.
907. Puzieu.
908. Romecourt.
909. Chauvecourt.
910. Bethoncourt.
911. Ambascourt.
912. Viller.
913. Dombasle-en-Sainctois.

Clergé.

914. Poursas, abbaye de dames de l'ordre de... [1]
915. Estrennes.
916. Bazaille.
917. Le Mesnil.
918. They-soub-Montfort.
919. Girecourt.
920. Viefville.
921. Embescourt.
922. Parey-soubz-Montfort.
923. Remoncourt.

Fiedvez.

924. Ligniville, chasteau et village.
925. Vitel, bourg.
926. Donjulien, chasteau et bourg.
927. Dombasle.
928. Offraucourt, chasteau et village.
929. Gironviller.
930. Mazirot, chasteau et village.

---

[1]. D'abord de l'ordre de Saint-Benoit. Cette abbaye se sécularisa, dans la suite, comme celles de Bouxières, Epinal et Remiremont, et devint un chapitre de chanoinesses nobles. La sécularisation s'était déjà opérée à l'époque où écrivait le président Alix.

931. Haréville.
932. Pont-sur-Mauldon.
933. Oilleville.
934. Betoncourt.
935. Jevaincourt.
936. Ramecourt.
937. Baudricourt.
938. Domèvre.
939. Romecourt.
940. Bazoilles.
941. Estrennes.
942. Girecourt.
943. Viefville.
944. Le Mesnil.

Le Val d'Arol (Harol), sçavoir :

945. Remecourt.
946. Dompvallier.
947. Thirocourt.

Prévosté et chastellainie de Dompaire et Valfrocourt.
Domaine.

948. Dompaire, ville.
949. Le Vaul-devant-Dompaire.
950. Aviller.
951. Bouxières.
952. Madigny.
953. Rugny.
954. Vomécourt.
955. Bazigny.
956. Ahéville.
957. Bouzemont, bourg.
958. Rozcrotte.
959. Villotte.
960. Valleroy.
961. Hagiecourt.

962. Madrecourt.
963. Racecourt.
964. Moyroncourt.
965. Juxey.
966. Goherey.
967. Dommartin.
968. Enssens-la-Ville.
969. Lamerey.
970. Valleroy.
971. Chenymont.
972. Naglancourt.
973. Tattignécourt.
974. Bettigny.

Le ban d'Uxegney, sçavoir :

975. Uxegney.
976. Seuxey.
977. Chattimont.
978. Les Granges.
979. Humbatemps.
980. Saffremesnil.
981. Cosne.
982. Sainct-Laurent.
983. Les Forges.
984. Bainville.
985. Pont-lez-Bonfay.
986. Rancourt.

Le ban d'Escles, sçavoir :

987. Escles.
988. Le Void.
989. Larrin.
990. Vyomesnil.

Le ban de Harol.

991. Harol.
992. Les Longues-Royes.

993. Le Mesnil.
994. Puttigny.
995. La Rue.
996. Charmois.
997. Reblangotte.
998. Nobelmont.
999. Tunymont.
1000. Valfroicourt.
1001. Bainville.
1002. Frenoy.

Le ban de Madonne.
Clergé.

1003. Chamoysy, abbaye de l'ordre de...[1]
1004. Chamoysy-la-Ville.
1005. Bonfay, abbaye de l'ordre de [Prémontré].
1006. Le Mesnil.
1007. Neumont.
1008. Renaudvoid.
1009. Oncourt.
1010. Derbamont.
1011. Girecourt.
1012. Bocquegney.
1013. Gigney.
1014. Abvefvenet-la-Petite.
1015. Battigny.
1016. Tatignecourt.

Ban d'Uxegney, comme dessus.
Ban de Harol, comme dessus.
Ban d'Escles, comme dessus.

Ban de Bouxières.

1017. Goherey.
1018. Bocquegney.
1019. Fomerey.
1020. Hennecourt.

[1]. L'abbaye de Chaumouzey était de l'ordre de Saint-Augustin.

Ban de Girancourt, sçavoir :

1021. Girancourt.
1022. Dommartin-aux-Bois.
1023. Adoncourt.
1024. Le Void.
1025. Naymont.
1026. Uzemain.
1027. Malomesnil.
1028. Thilouze.
1029. Ajoncourt
1030. Gigney.
1031. Raucourt.

Fiedvez.

1032. Ville-sur-Illon, deux chasteaux et bourg.
1033. Joxey.
1034. Darnieulles, chasteau et village.
1035. Varmenzey.
1036. Vaubexey, chasteau et village.
1037. Sainct-Vallier.
1038. Pierreficte.
1039. Gigney.
1040. Hennecourt.
1041. La Viefville.
1042. Valleroy-aux-Saulxes.
1043. Gellenecourt.
1044. Hagiecourt.
1045. Abvefvenet-la-Grande.
1046. Bignécourt.
1047. Ligeville.
1048. Mazelet.
1049. La Rue devant Dompaire.
1050. Adon.
1051. La Neufville.
1052. Bouzemont.

1053. Basigny.
1054. Blamerey, pour la moictié et l'autre moictié au comté de Vaudémont.

Le ban d'Escles, comme dessus.
Ban de Harol, partie.

1055. Dommart devant Dompaire.
1056. Regnauldvoid.
1057. Bocquegney.
1058. Fomerey.
1059. Hennecourt.
1060. Derbamont.
1061. Sirecourt.

Ban de Giraneourt, comme dessus.

1062. Hermamont.
1063. Aboncourt.

Prévosté et chastellainie de Darney.
Domaine.

1064. Darney, chasteau, ville et chanoines.
1065. Attigny.
1066. Bonviller.
1067. Vallois.
1068. Dompmartin enssens Vallois.
1069. Gesonville.
1070. Senonges.

Noms des verreries des forrestz de Vosges.
Premier.
Les verreries des grandz verres, soub la recepte de Darney.

1071. La Grosse verrière Tiédry.
1072. La verrière Hennezel.
1073. Briseverre.
1074. Chastillon, aliàs chez Claudon.
1075. Torchon.

1076. Senennes.
1077. La Sybille.
1078. Sainct-Vaubert, aliàs chez Thomas.
1079. Belruz.
1080. Houdrichapelle.
1081. Clérey.
1082. La Grande-Catherine.
1083. La Rouchierre.

Soubz la recepte de Dompaire.

1084. La Pille.
1085. Grandmont.
1086. Toullot.

Menus verres soubz Darney.

1087. La verrière Henricé.
1088. La Frison.
1089. De la Sye.
1090. Du Hubert.
1091. De Lespenoux.
1092. Des Trois-Bans.

Soub Dompaire, menus verres.

1093. Charmois.

Clergé.

1094. Relange, prieuré de l'ordre de [Saint-Benoit].
1095. Droitteval, prieuré de l'ordre de Citeaux, dépendant de l'abbaye de Morymont[1].
1096. Attigny.
1097. Bonviller.
1098. Belruz.
1099. Dombasle.
1100. Nonville.

---

1. Les pouillés du diocèse de Toul n'indiquent pas cette dépendance.

1101. Vivier-le-Gras.
1102. Dombrot, à Sainct-Epvre.

Fiedvez.

1103. Chasteau de Passavant.
1104. Regniévelle.
1105. Martinvelle.
1106. La Coste Sainct-Antoine.
1107. Monstereul-sur-Saône, chasteau, village et prieuré.
1108. Nonville.
1109. Belmont.
1110. Dombrot, chasteau et village.
1111. Sainct-Baslemont, chasteau et village.
1112. Esley.
1113. Belruz.
1114. Bullegnéville, chasteau ruiné ; le bourg est du Bassigny.
1115. Contrexéville.
1116. Les Granges.

Prévosté et chastellainie de Chastenois et Neufchasteau.
Domaine.

1117. Chastenois, ville, bourg et prieuré de l'ordre sainct Benoist, dépendant de l'abbaye Sainct-Epvre-lez-Toul.
1118. Neufchasteau, ville, bourg, chasteau et prieuré de l'ordre de [Saint-Benoit], et dépendant de l'abbaye de [Saint-Mansuy, de Toul], couvent des Cordeliers, monastère des dames de Saincte-Claire.
1119. Raimois.
1120. Le Breul.
1121. La Courtille.
1122. Valaincourt.
1123. Mannecourt.

1124. Rainville.
1125. Biécourt.
1126. Sainct-Pranchier.
1127. Receu.
1128. La Neuville.
1129. Nourroy.
1130. Sainct-Paul.
1131. Dollainville.
1132. Belmont.
1133. Sainct-Remymont.
1134. Auzainville.
1135. Vyocourt.
1136. Alainville.
1137. Gonbaulx.

Clergé.

1138. L'Estanges, abbaye de dames de l'ordre de [Citeaux].
1139. Viocourt.
1140. Sainct-Paul.
1141. Rollainville.
1142. Aouze.
1143. Gemenaincourt.
1144. Mandres-sur-Veire.
1145. Rouvre-en-Sainctois.
1146. Vouxey.
1147. Saulxures.
1148. Toutainville.
1149. Moncourt.
1150. Hignéville.
1151. Le Mesnil-en-Sainctois.
1152. Longchamps.
1153. Noncourt.
1154. Gerbonval, prieuré[1] de l'ordre dépendant de.....

---

1. Gerbonvaux n'était pas un prieuré, mais un hôpital, fondé dans la seconde moitié du XIIIe siècle.

1155. Sainct-Remymont.
1156. Allainville.
1157. Auzainviller.
1158. Ramois.
1159. Nourroy, commanderie et village.
1160. Balléville.
1161. Rainville.
1162. Martigny.
1163. Moremaison, partie.

Fiedvez.

1164. Gironcourt, chasteau et village.
1165. Removille, chasteau et village.
1166. Houécourt, chasteau et village.
1167. Dommartin, chasteau et village.
1168. Sainct-Mange, chasteau et village.
1169. Landaville, chasteau et village.
1170. Sandaucourt, chasteau et bourg.
1171. Belmont, chasteau et village.
1172. Bullegnéville, chasteau et bourg, en partie.
1173. Moremaison, en partie.
1174. Lonchamps.
1175. Vyocourt.
1176. Balléville.
1177. Dollaincourt.
1178. Courcelles.
1179. Brancourt.
1180. Sainct-Alophe.
1181. Maxey-soubz-Brexey.
1182. Haponcourt.
1183. Martigny.
1184. Soulosse.
1185. Gohecourt.
1186. Houéville.
1187. Barville.
1188. Chevau.

1189. Somerécourt.
1190. Bouzey.
1191. Mandres.
1192. Tilleux.
1193. Sertilleux.
1194. Sirecourt.
1195. Villars-aux-Cloyes.
1196. Brechaincourt.
1197. Darney-aux-Chesnes.
1198. Rebeufville.
1199. Auzainviller.
1200. Roncourt.
1201. Mesnil-sur-Veire.
1202. Gémonville.
1203. Lonchamps.

Bailliage d'Allemagne.

Soubz ce bailliage sont les prévostez et chastellainies de

Sierques,
Sirsperg,
Mertzig,
Le Sargaw,
Schawembourg,
Valderfanges,
Beaurains,
Boullay,
Germunde,
Dieuze,
Morsperg,
Morhanges,
Forbach,
Puttelanges,
Faulquemont.

Pour la prévosté et soub-prévosté de [la] Landt-Schultesserie de Sirques.

Prévosté.
Domaine dudict Sirques.

1204. Sirques.
1205. Kirchnomen.
1206. Obrenomen.
1207. Katzweiller.
1208. Montenach.
1209. Udensirck.
1210. Effendorff.
1211. Wistorff.
1212. Bursingen.
1213. Rumelingen.
1214. Flatten.
1215. Rattel.
1216. Colman.
1217. Brondorff.
1218. Halstorff.
1219. Altroff.
1220. Mondler.
1221. Biringen.
1222. Oberesch.
1223. Kerlingen.
1224. Frichingen.
1225. Werberingen.
1226. Lemerstroff.
1227. Kirch.

Soub-prévosté.

1228. Witten.
1229. Esft.
1230. Hellendorff.
1231. Mersweiller.
1232. Appach.
1233. Bruch, aliàs Mariensfloss.
1234. Rustorff.
1235. Mellick.

1236. Udern.
1237. Lonstorff.
1238. Hymerstroff.
1239. Tintingen.
1240. Busingen.
1241. Lumersfeldt.
1242. Hargarden.
1243. Metterich.
1244. Nidercontz.
1245. Wistorff.
1246. Halstorff.
1247. Zuringen.
1248. Biringen.
1249. Oberesch.
1250. Kerlingen.
1251. Flachstorff.
1252. Furweiller.
1253. Morchern.
1254. Frymestroff.
1255. Leucken.
1256. Wuchern.

Landt-Schultesserie.

1257. Gelmingen.
1258. Golstingen.
1259. Buchingen.
1260. Herstorff.
1261. Kedingen.
1262. Klingen.
1263. Hempuchel.
1264. Hoblingen.
1265. Dalstein.
1266. Schomberg.
1267. Englingen.
1268. Feringen.
1269. Auselingen.
1270. Mondler.

1271. Binerssheim.
1272. Lemerstroff.
1273. Limersfeldt.
1274. Kalemburg.
1275. Effendorff.
1276. La Croix.
1277. Rodlach.

Prévosté de Conchen, aliàs Condé.

1278. Conchen, aliàs Condé.
1279. Northen.
1280. Mehingen, aliàs Mengen.
1281. Gerlingen.
1282. Buchingen.
1283. Drachenach.
1284. Bublingen.

Clergé.

1285. Viller-Betnach, abbaye de l'ordre de Citeaux.
1286. Fraystorff, abbaye dudict ordre de Citeaux.

La Court de Perle, sçavoir :

1287. Oberperl.
1288. Niderperl et
1289. Syndorff.
1290. Altorff.
1291. Lucken.
1292. Wuchern.
1293. Conchen, aliàs Condé.
1294. Morthen.
1295. Mehingen, aliàs Mengen.
1296. Gerlingen.
1297. Publingen.
1298. Drachenach.
1299. Felstroff.
1300. Gerolfingen.
1301. Dudingen.

1302. Eppingen.
1303. Schartzmorther.
1304. Fliessborn.
1305. Hasenholh.
1306. Gaderscheuren.
1307. Scheuren.
1308. Nodlingen.
1309. Bingen.
1310. Bury.
1311. Freistorff.
1312. Clemey, aliäs Schomberg.

Fiedvcz.

1313. Freistorff.
1314. Obercontz.
1315. Anseldingen.
1316. Budingen.
1317. Neunich.
1318. Timstorff.
1319. Edelnigen.
1320. Burg-Esch, chasteau et village.
1321. Berg, chasteau et village.
1322. Beuren.
1323. Hechlingen.
1324. Schwerdorff.
1325. Gursingen.
1326. Kutssingen.
1327. Mensskirch.
1328. Rutzingen.
1329. Metzer-Esch.
1330. Ebersweiller.
1331. Colman.
1332. Hombourg auff der Kandel.
1333. Waldtwiss.
1334. Bettsstroff.
1335. Anselnigen.

1336. Dudingen.
1337. Kirff.
1338. Brettingen.
1339. Eymerstorff.
1340. Lugsingen.
1341. Pomern.
1342. Ryol.
1343. Rodingen.
1344. Wiss.
1345. Zuzingen.
1346. Mentzberg, chasteau.
1347. Monder, chasteau, moitié Lorraine et moitié Trèverois.

L'office et chastellainie de Boullay.
Domaine.

1348. Bolchen, Boullay.
1349. Mehingen, aliàs Mengen.
1350. Hassgarten.
1351. Helstorff.
1352. Neunkirchen.
1353. Hyrmestroff.
1354. Felstorff.
1355. Tedingen.
1356. Rossbrucken.
1357. Wolmeringen.
1358. Brechlingen.
1359. Hargarten.
1360. Chonne.
1361. Machern, aliàs Maizières.
1362. Rupplingen, aliàs Ruppeldanges, 1 tiers.
1363. Ottendorff, aliàs Ottonville, partie.
1364. Hollingen.
1365. Diefferten.

Clergé.

1366. Weibelsskirchen, aliàs Warize.
1367. Tetterchen.

Villages dépendantz de l'abbaye de Longeville, en allemand Lugenfeld, aliàs Sainct-Martin-la-Glandière.

1368. Longeville, Lungenfeldt.
1369. Düren.
1370. Wellingen.
1371. Lymingen.
1372. Durchdalhaim.
1373. Baumbidersstorff.
1374. Elwingen.
1375. Gonderingen.
1376. Meringen.
1377. Maulveiller.
1378. Warsberg.
1379. Lauderfingen.
1380. Niderheim, aliàs Magny.
1381. Dalheim, donné puis naguères par Son Altesse en contreschange du village de Coustures-lez-Chasteau-Salin.

Fiedvez.

1382. Warize, Weibelsskirchen, chasteau et village.
1383. Tenchen, aliàs l'Estanche ou les Estangs, chasteau.
1384. Nidbrucken, aliàs Pont de Nied.
1385. Oblingen.
1386. Tuttingen.
1387. Hollingen.
1388. Rumelfingen.
1389. Buchingen.
1390. Pfeningen,
1391. Walmunster.
1392. Dalheim.
1393. Lanthrum.
1394. Weiblingen.
1395. Welmeringen.
1396. Wulffingen, aliàs Wellingen.

La terre de Warssberg.

1397. Gertingen.
1398. Hamen.
1399. Falt.

L'office et recepte de Valderfanges.
Domaine.

1400. La ville de Valderfanges pour tout domaine.

Clergé.

1401. Lauthern, aliàs Fraulauthern.
1402. Liesstorff.
1403. Enstorff.
1404. Hultzveiller.

Fiedvez.

1405. Sahrwellingen.
1406. Griessborn.
1407. Roden.
1408. Fressberg.
1409. Le Val de Nolbach.

L'office et chastellainie de Sirsperg, sçavoir :
Domaine.

1410. Sirsperg.
1411. Nittel.
1412. Kolchen.
1413. Rellingen.
1414. Remelfangen.
1415. Sirssdorf.
1416. Itzbach.
1417. Beuren.
1418. Hargarden.
1419. Remssbach, partie.
1420. Erbringen.
1421. Kirburg.
1422. Hymerrstorff.

1423. Morchingen.
1424. Dreyssbach.
1425. Nonne.
1426. Besseringen.
1427. Sainct-Gangolphe.

Clergé.

1428. Mettloch.
1429. Kuchingen.
1430. Berkingen.
1431. Pachten.
1432. Hargarten.
1433. Remsbach, partie.
1434. Butzen.
1435. Roden.

Fiedvez.

1436. Dullingen, Dullanges.
1437. Morchingen.
1438. Beuren.
1439. Krispeig.
1440. Hymesstorff.
1441. Gessingen.
1442. Rellingen.
1443. Fuckingen.
1444. Erbringen.
1445. Nittel, partie.

Le Sargaw.

La souveraineté appartient par moictié à **Son Altesse** et à monsieur l'archevesque de Trèves, et la haulte justice à ladicte Altesse et au sieur de Moncler, y estant le seigneur archevesque foncier.

Ensuivent les villages dudict Sargaw.

1446. Hilbringen.
1447. Fuchten.
1448. Baldern.

1449. Rupplingen.
1450. Rech.
1451. Sylmingen.
1452. Schemlingen.
1453. Bisserstorff.
1454. Budingen.
1455. Weiller.
1456. Weillingen.
1457. Bettingen.
1458. Wehingen.
1459. Balderingen.
1460. Mondorff, partie dudict Sargaw et partie de l'office de Sirques.

Mertzig.

Pour la commune haulte justice.

Ladicte haulte justice est commune à Son Altesse et à monsieur l'archevesque de Trèves, la souveraineté de mesme à chacun pour la moictié.

1461. Mertzig.
1462. Butzen.
1463. Memmingen.
1464. Harlingen.
1465. Morchingen.
1466. Bachen, partie à Trèves seul et partie au Sargaw.

L'office et chastellainie de Schawembourg.

Domaine.

1467. Schawembourg, chasteau.
1468. Tholey.
1469. Kastel.
1470. Kostenbach.
1471. Zurachten.
1472. Limbach.
1473. Lindtschidt.
1474. Theley.
1475. Steimbach.

1476. Dersstorff.
1477. Schellembach.
1478. Haintzelhoven.
1479. Aspach.
1480. Altzweiller.
1481. Witterbach.
1482. Merpingen.
1483. Niderhoven.
1484. Bliessen.
1485. Enweiller.
1486. Zurlinden.
1487. Ostembach.
1488. Gronich.
1489. Gedessweiller.
1490. Budweiller.
1491. Sambach.
1492. Golbach.
1493. Bettingen.
1494. Aussen.
1495. Wissbach.
1496. Bechteldingen.
1497. Kassheim.
1498. Exweiller.
1499. Sultzweiller.
1500. Scheuren.
1501. Nippel.
1502. Griffhambach.

Clergé.

1503. Tholey, partie.
1504. Theley, partie.
1505. Mondorff, aliàs Mamendorff.
1506. Harlingen.
1507. Honweiller.
1508. Imweiller.
1509. Gronich.

1510. Einveiller.
1511. Ketternostern.
1512. Schellembach.
1513. Exweiller.
1514. Sutzweiller.
1515. Ostembach.
1516. Wach-Haussen, aliäs Schweich-Haussen.
1517. Godessweiller.
1518. Zurlinden.
1519. Niderhoven.
1520. Wirterbach.
1521. Bliessen.
1522. Altzweiller.
1523. Merpingen.
1524. Kostembach.
1525. Zurachten.
1526. Kastel.

Fiedvez.

1527. Wehingen.
1528. Bettingen.
1529. Aussen.
1530. Limbach.
1531. Lindtschidt.
1532. Merpingen.
1533. Bubweiller.
1534. Hemtzelhoven.
1535. Aspach.
1536. Exweiller.
1537. Nidersteimbach.
1538. Obersteimbach.
1539. Schellembach.
1540. Derstorff.
1541. Altzweiller.
1542. Niderhoven.
1543. Wulembach.

1544. Guderssweiller.
1545. Nauborn.

Prévosté de Kettern-Ostern et autres villages de la chastellainie de Schawembourg, tenuz en fied de Son Altesse par les sieurs comtes d'Eberstein et Oberstein.

1546. Ketternostern.
1547. Huprechtzweiller.
1548. Sutzweiller.
1549. Bleysspach.
1550. Krulborn.
1551. Herchweiller.
1552. Huppelborn.
1553. Theley.
1554. Einweiller.
1555. Rappweiller.
1556. Freysen.
1557. Hoffestetten.
1558. Liessterthal.
1559. Gudersweiller.
1560. Henweiller.
1561. Frudessweiller.
1562. Raudtschidt.
1563. Wadrill.
1564. Neunkirchen.
1565. Seilbach.
1566. Mittelwrillembach.

L'office et chastellainie de Guemunde.
Domaine.

1567. Guemunde.
1568. Grossblidersstorff.
1569. Kleinblidesstorff.
1570. Awerssmacher.
1571. Neunkirchen.
1572. Folpersweiller.

1573. Eberssingen.
1574. Fechingen.

Clergé.

1575. Eberssingen.
1576. Graventhal.
1577. Tentlingen.
1578. Rausspach.
1579. Dublingen.
1580. Gersweiller.

Fiedvez.

1581. Sar-Enssingen.
1582. Wittringen.
1583. Neuscheuren.
1584. Rumelfingen.
1585. Tentlingen.
1586. Rollingen.
1587. Fechingen.

Chastellainie de Dieuze.
Domaine.

1588. Dieuze.
1589. Haulte-Lindre.
1590. Semanges, aliàs Symingen.
1591. Basse-Lindre.
1592. Angweiller.
1593. Assenoncourt, aliàs Esserstorff.
1594. Techemphul.
1595. Mellecey, alias Miltzingen.
1596. Kirberg.
1597. Gebersdorff.
1598. Blanche-Eglise.
1599. Bispenges.
1600. Luderfingen.
1601. Kuttingen.
1602. Bessingen.

1603. Barthelémont, Battendorff ou Battenberg.
1604. Geloucourt, Gisslfingen.
1605. Amanges, Enssmingen.
1606. Walleranges, Walleringen.

Clergé.

1607. Amanges, partie.
1608. Geloucourt, partie.

Fiedvez.

1609. Chasteau-houel, aliàs Durikastel.
1610. Guermanges, Guermingen.
1611. Wiss.
1612. Solzlinguen.
1613. Sainct-Jean de Rorbach.
1614. Willer.
1615. Gueblanges.
1616. Wittringen.
1617. Walen.
1618. Dorssweiller.
1619. Gelloucourt.
1620. Hampon', Judingen.
1621. Buderstorff.

Chastellainie de Morsperg.
Domaine.

1622. Morsperg.
1623. Kuttingen.
1624. Luderfingen.
1625. Domenheim.
1626. Bessingen.
1627. Ginsslingen.
1628. Witterssbourg.
1629. Amanges.
1630. Nollingen.
1631. Rorbach, aliàs Hert-Rorbach.
1632. Grumingen.

1633. Heylingenner.
1634. Dieffenbach.
1635. Teutschen.
1636. Wirmanges.
1637. Hunkirchen.

Clergé.

1638. Wargaville, Widerstroff.
1639. Altrippen.
1640. Gunersstorff.

Fiedvez.

1641. Luderfingen.
1642. Kuttingen.
1643. Lostroff.
1644. Leyningen.
1645. Alstorff-lez-Leyningen.
1646. Heyligenner.
1647. Dieffenbach.
1648. Rode.
1649. Reckranges.
1650. Nebingen.

La seigneurie de Puttelenges.
Premier.

1651. La ville de Puttelenges.
1652. Dieffembach.
1653. Himradt.
1654. Reichlingen.
1655. Balleringen.
1656. Bertringen.
1657. Holbingen.
1658. Huntzingen.
1659. Hyrelbach.
1660. Dieterfingen.
1661. Mutzingen.
1662. Nussweiller.

1663. Gebenhaussen.
1664. Luppertzhaussen.
1665. Grundtweiller.
1666. Rymeringen.
1667. Elweiller.
1668. Farssweiller.
1669. Kappeln.
1670. Hundlingen.
1671. Dublingen.

La terre et seigneurie de Beaurains.
Premier.

1672. La ville de Beaurains, Berriss.
1673. Rimeringen.
1674. Dreyborn.
1675. Berweiller.
1676. Hollingen.
1677. Bettingen.
1678. Edelingen.
1679. Inne.
1680. Leydingen.
1681. Weyllingen.
1682. Huningen.
1683. Gersslingen.
1684. Forweiller.
1685. Biesten.
1686. Bederstorff.
1687. Widerstorff.
1688. Willingen.
1689. Wistorff.
1690. Oberdorff.
1691. Rodendorff.
1692. Wolflingen.
1693. Kerlingen.
1694. Odenhoven.
1695. Eidlingen.

1696. Morten.
1697. Bublingen.
1698. Tetterchen.

Clergé.

1699. Bouzonville, Bussndorff.
1700. Leidingen.
1701. Morten.
1702. Bublingen.

La terre et seigneurie de Morhanges.
Premier.

1703. La ville de Morhanges, aliàs Morchingen.
1704. Reckranges.
1705. Eschen.
1706. Pebingen.
1707. Reich.
1708. Linderchin.
1709. Liedersingen.
1710. Soltzlingen.
1711. Serbelingen.
1712. Rodalben.
1713. Deistrich.
1714. Lendorff.
1715. Weiller.
1716. Herbrich.

La terre et seigneurie de Faulquemont.
Premier.

1717. La ville de Faulquemont, aliàs Falkemburg.
1718. Wallen.
1719. Edlingen.
1720. Enssweiller.
1721. Druttlingen.
1722. Gengweiller.
1723. Morlangen.

La terre et seigneurie de Forbach.
Premier.

1724. La ville de Forbach.
1725. Klain-Rosseln.
1726. Ottingen.
1727. Speicher.
1728. Rochlingen.
1729. Alstingen.
1730. Hesslingen.
1731. Zintsingen.
1732. Etzlingen.
1733. Dutlingen.
1734. Kirbach.
1735. Kordenburn.
1736. Bubingen.
1737. Berren.

Bailliage du comté de Vaudémont.
Domaine.

1738. Vaudémont, chasteau, ville et église collégiatte de Sainct-Jean-Baptiste.
1739. Vézelise, chasteau et ville.
1740. Chaoulley.
1741. Eumont.
1742. Dommarie.
1743. Prée-soub-Sion.
1744. Fresnel-la-Grande.
1745. Battigny.
1746. Gellocourt.
1747. Dyarville.
1748. Houdreville.
1749. Hameville.
1750. Clerey.
1751. They-soub-Vaudémont.
1752. Gugney.
1753. Forcelles-soub-Gugney.

1754. Tourey.
1755. Fabvières.
1756. Saulxerotte.
1757. Vitrey.
1758. Goviller.
1759. Dollecourt.
1760. Ongnéville.
1761. Parey-Sainct-César, partie.
1762. Puis.
1763. Velle.
1764. Souveraincourt.
1765. Houdelmont.

Clergé.

1766. Fraisne-la-Petite.
1767. Gremonviller.
1768. Bouzainville.
1769. Reppel.
1770. Nostre-Dame de Syon.
1771. Boullaincourt, prieuré de l'ordre [de Saint-Augustin], dépendant de Sainct-Léon de Toul.
1772. Vandelainville, prieuré de l'ordre [de Saint-Augustin], dépendant de l'abbaye de Sainct-Léon de Toul.

Fiedvez.

1773. Thelod, chasteau et village.
1774. Aultrey, chasteau et village.
1775. Tantonville, chasteau et village.
1776. Estreval, chasteau et village.
1777. Forcelles-Sainct-Gergonne.
1778. Veroncourt.
1779. Queveilloncourt.
1780. Omelmont.
1781. Courcelles.
1782. Boulaincourt.
1783. Pugney.

1784. Vandelainville.
1785. Fecocourt.
1786. Bouzainville.
1787. Saxon.
1788. Chevaux.
1789. Aboncourt.
1790. Rouvre-en-Sainctois.
1791. They-soub-Vaudémont.
1792. Blamerey, pour la moitié.

Bailliage de Chastel-sur-Mozelle.
Domaine.

1793. Chastel, chasteau et ville.
1794. Nommexy.
1795. Moreville.
1796. Haillainville.
1797. Rehaincourt.
1798. Clezentaines, bourg.
1799. Portesseux.
1800. Hardancourt.
1801. Ortoncourt.
1802. Bouxereulles.
1803. Frizon-la-Haulte.
1804. Frizon-la-Basse.
1805. Passoncourt.
1806. Sainct-Remy-aux-Bois, pour la moitié à Rozières.
1807. Dommart-aux-Bois, pour les deux tiers à Rozières.
1808. Langley.
1809. Sainct-Boin.
1810. Monzey.
1811. Verrières d'Onzaines, désertes.
1812. Velacourt.
1813. Battessey.
1814. Sainct-Germain.

1815. Chamagne.
1816. Lorro.
1817. Rozeleures.

Clergé.

1818. Belleval, prieuré de l'ordre sainct Benoist, dépendant de l'abbaye de Moyenmonstier.
1819. Abiey, prieuré de l'ordre de [Saint-Augustin], dépendant du [prieuré d'Hérival].
1820. Chamagne.
1821. Sainct-Germain.

Fiedvez.

1822. Nomexey.
1823. Sainct-Germain.
1824. Hadigny.
1825. Chamagne.
1826. Verrières d'Onzaines.
1827. Bouxereulles.
1828. Velacourt.
1829. La Beufville.
1830. Marainville.
1831. Frizon-la-Basse.
1832. Lorro.

Bainville-aux-Mirouers, despendant dudict Chastel.

Domaine.

1833. Bainville.
1834. Chamagne, partie.
1835. Velacourt, partie.
1836. Lebeufville, partie.
1837. Marainville.

Clergé.

1838. Sainct-Germain.
1839. Chamagne, partie.

Prévosté du ban de Tantymont, dépendant de ladicte seigneurie de Bainville et le tout dudict Chastel-sus-Mozelle.

1840. Xaronval.
1841. Hergugney.
1842. Batessey.
1843. Avrainville.

Bailliage d'Espinal.
Domaine.

1844. Espinal, chasteau et ville, abbaye de dames de l'ordre sainct Benoist[1].
1845. Gollebey.
1846. Chavelot.
1847. Thaon.
1848. Deyviller.
1849. Girmont.
1850. Sercueur.
1851. Villoncourt.
1852. Pandoux.
1853. Bandesmesnil.
1854. Dignonville.
1855. Sainct-Genois.
1856. Saincte-Hélène.
1857. Vomécourt.
1858. Bul.
1859. Sainct-Gergonne.
1860. Dongneville.
1861. Vencey.
1862. La Baffe.
1863. Moussou.
1864. Archette.

1. Cette abbaye était sécularisée et transformée en un chapitre de chanoinesses nobles.

1865. Lonchamp.
1866. Jeuxey.
1867. Domepvre-sur-Avière.
1868. Vaxoncourt.
1869. Palligny.
1870. Zincourt.
1871. Vaudainville.
1872. Igney.

Clergé.

1873. Vencey.
1874. Gigney.
1875. Deyviller.

Fiedvez.

1876. Gollebey.
1877. Chavelot.
1878. Vaxoncourt.
1879. Palligny.
1880. Zincourt.
1881. Vaudainville.
1882. Igney.

Bailliage de Hatonchastel.
Domaine.

1883. Hatonchastel, chasteau, ville et église collégiatte de Sainct-Maur.
1884. Rouveroy, bourg fermé.
1885. Hatonville.
1886. Herbeville.
1887. Deuxnowes.
1888. Vigneulles.
1889. Voël.
1890. Broville.
1891. Sault.
1892. Sainct-Remy.
1893. Billy.

1894. Seuzy.
1895. Lavigneville.
1896. Hanonville.
1897. Morville.
1898. Chaillon.
1899. Barsaucourt.
1900. Viefville.
1901. Bannoncourt.
1902. Donseverin.
1903. Gerbeuville.
1904. Varvinay.
1905. Maizey.
1906. Relincourt.
1907. Senonville.
1908. Savonnières.
1909. Avillers.
1910. Sainct-Maurice.

Clergé.

1911. Sainct-Benoist, abbaye de l'ordre dudict sainct Benoist.

Fiedvez.

1912. Creuue.
1913. Hanonville.

Le ban de Maizey, sçavoir :

1914. Maizey.
1915. Gerbeuville.
1916. Relincourt.
1917. Senonville.

Bailliage d'Aspremont.
Domaine.

1918. Aspremont, chasteau ruiné, église collégiatte de Sainct-Nicolas, prieuré de l'ordre de sainct Benoist, uny au collège des pères jésuittes au Pont-à-Mousson.

1919. Thigeville.
1920. Sainct-Aignan.
1921. Lyoville.
1922. Boncourt.
1923. Mandres-la-Petite.
1924. Fort-bel-voisin.
1925. Euvezin.
1926. Hamonville.
1927. Joyey.
1928. Allamont.

Clergé.

1929. Marbotte, commanderie et village.

Fiedvez.

1930. Afflainville.
1931. Allamont.
1932. Aix.
1933. Ancy-sur-Mozelle.
1934. Andillier.
1935. Annoult.
1936. Arrée.
1937. Aulnoy.
1938. Boncourt.
1939. Bouillonville.
1940. Ban Bourgon.
1941. Ban de Laistre.
1942. Ban de la Royne.
1943. Ban Sainct-Symphorien.
1944. Ban de Vezin.
1945. Bayonville.
1946. Bertrandmey.
1947. Blénod.
1948. Bainville.
1949. Bonnée.
1950. Bonnieulles.
1951. Brieulles.

1952. Broucey.
1953. Brues.
1954. Ban Sainct-Pierre.
1955. Ban de Chastel.
1956. Chonville.
1957. Charrey.
1958. Chazelles.
1959. Cornienville.
1960. Cuvery.
1961. Danvitou.
1962. Dieuleward.
1963. Dommartin.
1964. Donnenoul.
1965. Dun au Saulnoir.
1966. Einville.
1967. Escrouve.
1968. Essey-en-Voivre.
1969. Enrecourt (ou Eurecourt).
1970. Fort-bel-voisin.
1971. Frémeréville.
1972. Girardvoisin.
1973. Gironville.
1974. Gisainville.
1975. Grandmesnil.
1976. Grandvoysin.
1977. Gironville.
1978. Grosrouvre.
1979. Hamonville.
1980. Hamberg.
1981. Has.
1982. Honchamps.
1983. Houaville.
1984. Jairey.
1985. Juxey.
1986. Joyey.
1987. Lahéville.

1988. Lairey.
1989. La Montagne.
1990. Landres.
1991. Lixières.
1992. Lyoville.
1993. Lyon.
1994. Mandres-la-Petite.
1995. Magny.
1996. Mailly.
1997. Mahuere.
1998. Maré.
1999. Marson.
2000. Maizery.
2001. Mechairon.
2002. Meraucourt.
2003. Mervaulx.
2004. Mervisin.
2005. Mesnil-lez-Toul.
2006. Milly.
2007. Moncel.
2008. Mons.
2009. Mousson.
2010. Mouliainville.
2011. Moyneville.
2012. Murville.
2013. Mançoy.
2014. Neufville-lez-Grand-Fontaine.
2015. Ottanges.
2016. Pont-sur-Meuze.
2017. Parfonruz.
2018. Pannes.
2019. Platenges.
2020. Pont-lez-Mescrignes.
2021. Pont-sur-Meuze.
2022. Rambuescourt.
2023. Ramelenges.

2024. Raulecourt.
2025. Renionville.
2026. Ressoncourt.
2027. Rigecourt, aliàs Richiecourt.
2028. Renonamey.
2029. Rozereulles.
2030. Sainct-Aulbin.
2031. Sainct-Baussonne.
2032. Sainct-Joure.
2033. Sainct-Julian.
2034. Saincte-Marie.
2035. Sainct-Privé.
2036. Saincte-Raphine.
2037. Sanbuefmont.
2038. Sanzey.
2039. Sécheprey.
2040. Sivery.
2041. Sponville.
2042. Tannoy.
2043. Vacheronville.
2044. Val Saincte-Marie.
2045. Valleroy-lez-Briey.
2046. Vaul.
2047. Vigneulles.
2048. Vertuzey.
2049. Ville prez Mousson.
2050. Viller.
2051. Euvezin.
2052. Xesmes.
2053. Xonville.

Comté de Blamont.

Domaine.

2054. Blamont, chasteau, ville et église collégiatte de Nostre-Dame.

2055. Domepvre, partie à Blamont, partie à Lunéville et partie au sieur abbé dudict lieu.
2056. Repas.
2057. Frémonville.
2058. Barbas.
2059. Aultrepierre.
2060. Amenoncourt.
2061. Reillon.
2062. Remoncourt.
2063. Igney.
2064. Dongevin.
2065. Blemerey.
2066. Halloville.
2067. Gondrexon.
2068. Chazelles.
2069. Lentrey.

Clergé.

2070. Domepvre, abbaye de l'ordre régulier de sainct Augustin.
2071. Sainct-Sauveur, abbaye ruinée.

Fiedvez.

2072. Ogieviller, chasteau et bourg.
2073. Reclonville.
2074. Embermesnil.
2075. Méginéville.
2076. Sainct-Martin.
2077. Lanoy, chasteau.
2078. Reillon.
2079. Herbéviller, chasteau et village.
2080. Amenoncourt.
2081. Monteruel.
2082. Nonhegny.
2083. Sainct-Maurice.
2084. Gondrexon.
2085. Arenzey.

2086. Averoncourt.
2087. Frizonviller.

Prévosté et chastellainie de Deneuvre.
Domaine.

2088. Deneuvre, chasteau, village, église collégiatte de Sainct-George.
2089. Laistre.
2090. Fontenoy.
2091. Azerailles, en partie.
2092. Mairie du Mesnil et Flin.
2093. Gellacourt.
2094. Brouville.
2095. Brouvelotte.
2096. Halomey.
2097. Reherey.
2098. Le ban de la Rivière.
2099. La haulte rue de Destort.

Clergé.

2100. Le prieuré du Moynier, soub ledict Deneuvre, de l'ordre de sainct Benoist, despendant de l'abbaye de Senone.

Autres villes, prévostez et chastellainies, terres et seigneuries qui ne sont de bailliages.

La ville de Sarrebourg.

2101. Sarbourg, ville, église collégiatte de Sainct-Estienne, couvent de Sainct-François, comme désert, commanderie de l'ordre Sainct-Jean[1].

Clergé.

2102. Couvent des sœurs de Rentingen.

---

1. C'est une erreur : la commanderie de Sainte-Elisabeth de Sarrebourg appartenait à l'ordre Teutonique.

2103. Prieuré de Hesse[1], de l'ordre de [Citeaux], despendant de l'abbaye de Haute-Seille.
2104. Gosselmingen, partie au commandeur Sainct-Jean de Bassel et au sieur de **Lutzelbourg** ad cause de Sarech.

Fiedvez.

2105. Immelingen, chasteau et village.
2106. Nottingen.
2107. Niderweiller.
2108. Putlingen.
2109. Hermingen.

La terre de Sarech.

2110. Sarech, chasteau.
2111. Altroff.
2112. Hommertingen.
2113. Kiperg.
2114. Delftingen.
2115. Buhel.
2116. Goselmingen, moictié.
2117. Oberstensel.
2118. Nedingen.
2119. Eich.

Sainct-Hippolite.

2120. Sainct-Hippolite, chasteau et ville.

Sultzbach.

2121. Villette au val Sainct-Grégoire, que souloient tenir en fief du duché de Lorraine les seigneurs de Hasstatt.
2122. Sultzbach, chasteau et villette.
2123. Zymerbach, pour la moictié.

Le Val de Liepvre.

2124. Liepvre, bourg et prieuré de l'ordre de [Sainct-

---

1. Primitivement abbaye de Bénédictines.

Benoit], despendant de l'abbaye de Sainct-Denys en France, annexé à l'église collégialle Sainct-George de Nancy.

2125. Saincte-Croix et Zuckmantel, village et chasteau.
2126. Eschery la Haulte, chasteau appartenant par moictié à Son Altesse et au sieur de Ribeaupierre.
2127. Saincte-Marie, bourg, minières d'argent, plomb, cuivre.
2128. Le Grand-Rombach.
2129. Le Petit-Rombach.
2130. L'Allemand-Rombach.
2131. Ranaycoste.

La terre de Spitzemberg.

2132. Spitzemberg, chasteau.
2133. Naymont.
2134. La Fosse.

La terre et seigneurie d'Aulbe.

2135. Aulbe, chasteau et ville, par moictié à Son Altesse et au seigneur de Chasteaubrehain.
2136. Zumrech.
2137. Eychen.
2138. Saltzborn, saline et village.
2139. Nideckh.

La terre et seigneurie de Biche.
Domaine.

2140. Biche, chasteau.
2141. Kaltenhaussen, villette size au pied de la montagne dudict chasteau.

Mairie de Schorbach.

Soubz ceste mairie est ladicte villette de Kaltenhaussen, les villages de

2142. Ror, aliàs Roseau.

2143. Schorbach.
2144. Lengissheim.
2145. Hauweiller.
2146. Reygerssweiller.

Mairie de Bussweiller.

2147. Bussweiller.
2148. Breytembach.

Mairie de Steimbach.

2149. Il n'en dépend que le seul village dudict Steim-bach.

Mairie de Waldsborn.

2150. Waldsborn, chasteau ruiné, bains de bitume, aliàs cire de montagne, qu'ils appellent berg-wach.
2151. Huspelschidt.
2152. Wolthaussen.
2153. Greppen.
2154. Drulben.
2155. Eppenborn.
2156. Hilscht.
2157. Schweigs.
2158. Ludenschidt.
2159. Roppweiller.

Prévosté et sergenterie de Rumelingen.

2160. Rumelingen.
2161. Weisskrich.
2162. Wolmunster.
2163. Urbach.
2164. Eppingen.
2165. Bedweiller.
2166. Hellingen.
2167. Gissingen.
2168. Riderchingen.

2169. Hoddweiller.
2170. Orchingen.
2171. Holbach.
2172. Abbertingen.
2173. Omesweiller.
2174. Boweiller.
2175. Walsimer.
2176. Sur la montagne plus prochaine dudict Rumelingen se voit encor les ruines d'un chasteau qui y souloit estre appellé Lotheringen, Lorraine, et a retenu le nom jusqu'à huy.

La mairie et doyenné d'Altheim.

2177. Elle consiste en ce seul village d'Altheim.

Mairie de Beningen.

2178. Beningen.
2179. Sigersstall.
2180. Lohemberg.
2181. Limbach.
2182. Echemberg.
2183. Rorbach.
2184. Riderchingen.
2185. Kallenhaussen.
2186. Achen.
2187. Ettingen.

Mairie de Rollingen.

2188. Rollingen, village ; le chasteau est ruiné.
2189. Schmalenthal.
2190. Moterhausen, maison de plaisir bastie au milieu d'un estang à truites, laquelle se ruinera en bref sy elle n'est mieux entretenue, ensemble une belle chapelle construite au-devant d'icelle.
2191. Hochweygerssburg, maison de chasse et plaisir durant le rut, sur haulte montagne, entre les bois, à demy ruiné.

Gagnages de

2192. Genterssberg.
2193. Waldech.
2194. Egelsshardt.

Mairie de Hilsperg.

2195. Hilsperg.
2196. Zell.
2197. Teutschen-la-Petite.
2198. Conthill.
2199. Obergailbach.
2200. Nidergailbach.

Clergé.

2201. Sturzelborn, abbaye de l'ordre de Cisteaux, fondation et donation de Messeigneurs les ducs de Lorraine, seigneurs de Biche.

Fiedvez.

2202. Lemberg, chasteau, pour la moictié fied de Lorraine et de Trèves, pour l'autre moictié tenu par le comte de Hanaw, duquel chasteau despendent les villages cy-après, qui néantmoins ne meuvent en fied du duché de Lorraine :

2203. Eyningen.
2204. Ridelburg.
2205. Welzelm.
2206. Gersspach.
2207. Erlemborn.
2208. Sympten.
2209. Pfumersens.
2210. Froschen.
2211. Eych.
2212. Weyllerhaws.
2213. Eynothaws.
2214. Burg-Alben.

2215. Dhonsitters.
2216. Mundweiller, uff der ein Suten[1].

Gagnages.

2217. Dieterssbach.
2218. Ranschborn.
2219. Stanwenstein.
2220. Jmssbach.
2221. Erlemborn.
2222. Wedesheim, chasteau et village.
2223. Falkenstein.
2224. Altthann.
2225. Neunthann.
2226. Landtsweiller.
2227. Eschweiller.
2228. Schweygen.
2229. Conthil, en partie.
2230. Volfflingen et Weissweiller, possédez par le comte de Nassaw, lesquels néanmoins sont sis soub et en la seigneurie de Biche.
2231. Momborn, fied du Palatinat, sis en ladicte seigneurie de Biche.

Et pour ce que je déduis fort particulièrement, en une carte géographique ou plustost topographique de toute la seigneurie, où sont déclarées les limites et bornes, estangs et toutes les singularitez, je n'en feray icy plus grand discours.

La terre et seigneurie de Pfaltzbourg.

2232. Pfaltzbourg, chasteau, ville et passage.
2233. Einartzhausen.
2234. Lutzelbourg, chasteau ruiné et village prévostal.
2235. Hiltenhaussen.

---

1. Ou Uff der en Settein, ou Auff duren Seeten, suivant les différents manuscrits.

2256. Haselbourg.
2257. Mittelborn.
2258. Wilssberg.

Droictz et sauvegardes sur les abbayes de Sainct-Sauveur, Haulte-Seille, prieuré de Sainct-Quirin et villages des terres de Turquestein et Chastillon.

Les passages de Lutzelbourg, Haselbourg, Walschidt, Ebersweiller, Sainct-Quirin et la Fraimbolle.

Les chastellainies, terres et seigneuries de Hombourg et Sainct-Avol.

2239. Hombourg, chasteau, ville et église collégiatte Sainct-Estienne.
2240. La ville de Sainct-Avol ou Sainct-Nabor, abbaye de l'ordre de sainct Benoist.
2241. Hombourg, village.
2242. Machern.
2243. Eberssweiller.
2244. Gunweiller.
2245. Rochern.
2246. Emerssweiller.
2247. Folcklingen.
2248. Ebersingen.
2249. Luxingen.
2250. Vor Eberssweiller.
2251. Morsbach.
2252. Buss.
2253. Freybuss.
2254. Senghauss.
2255. Magstatt.
2256. Hoost.
2257. Tettingen.
2258. Mettringen.
2259. Steinbiderstorff.
2260. Oberfüllen.
2261. Zumspital.

2262. Durchdalheim.
2263. La Chambre.
2264. Tetterchen.
2265. Altweiller.
2266. Genglingen.

Clergé.

2267. L'abbaye dudict Sainct-Avol, de l'ordre sainct Benoist, de laquelle despendent les villages cy-après déclarez :
2268. Geysslingen.
2269. Hemeringen.
2270. Tettingen.
2271. Bausstorff.
2272. Biestein.
2273. Banschborn.
2274. Obersweyssen.
2275. Niderweyssen.
2276. Hallingen.
2277. Lellingen.
2278. Folschweiller.
2279. Hemchingen.
2280. Budingen.

Fiedvez.

2281. Walmen.
2282. Folsschweiller.
2283. Oberfullen.
2284. Landingen.
2285. Fremerstroff.

La ville et chastellainie de Marsal.

2286. Marsal, ville, église collégiatte de Sainct-Estienne.
2287. Gevelize, aliàs Gerschirch.
2288. Harracourt.
2289. Sainct-Médard.

2290. Donnelay, pour une partie contre les chanoines de Fenestranges.

Les mynes d'argent, plomb et cuivre qui se labourent présentement au Val de Liepvre.

Saincte-Anne.
Herschaff. } au Meusloch.
Finckenstreich.
Sainct-Esprit, à Gleisprey.
Sainct-Jean
Pfeningehurn } à Sainct-Pierremont.
Sainct-Barthelemy
Sainct-Michel, à la Goutte-Martin.
Sainct-Jean, dict Fundtgub.
Saincte-Barbe, à Fenaruz.
Sainct-Laurent, à Dennegoutte.

Les mynes d'argent, plomb et cuivre qui se labourent présentement tant à la Croix, au Chipault, Lusse, qu'ez environs.

Premier.

Sainct-Jean de la Croix.
La Grande-Montagne.
Sainct-Jean
Sainct-Antoine } du Chipaul.
Sainct-Barthelemy du Repas.
Nostre-Dame de Benabois.
Les Rouges ouvrages de la Croix.
Sainct-Jean des Fossés.
Sainct-Jean
Saint-Dominique
Sainct-Thomas } au Chipaul.
Sainct-Dicy
Sainct-Jean d'Anouze..

Les mynes d'argent et de cuivre qui se labourent à Bussans et au Tillot, en la prévosté d'Arches.

Bussans.

Sainct-Philippe, argent.

Tillot.

Sainct-Charles, } cuivre.
Henry de Lorraine,

Valderfenges.

Mynes d'azur.

Et en l'office de Schawembourg se tirent plusieurs espèces de grenatz de toutes couleurs, chalcydoynes, jaspes, agathes et aultres semblables.

Discours sommaires des haultes chaulmes, noms et gistes d'icelles[1].

Les chaulmes (ainsy appellées de toute ancienneté) sont fort haultes montagnes dans le mont de Vosges, qui bornent et font séparation du duché de Lorraine d'avec les comtez de Bourgongne et de Ferrette, des Vaulx d'Aires, de Sainct-Emery, de Moustier, d'Orbey et de la plaine d'Aulsais, ez sommetz desquelles sont de fort beaux gazons et riches pâturages qui ne manquent en fontaines, les plus belles et abondantes qui se puissent désirer. Elles ont esté tenues et possédées à tiltre d'admodiation et de précaire, l'espace de deux cent soixante-dix ans, sans aucune discontinuation ny interruption, par les habitans de Moustier au val Sainct-Grégoire, jusques à

---

1. Des renseignements curieux, qui pourraient servir à compléter cette partie du travail du président Alix, se trouvent au Trésor des Chartes, dans la layette intitulée : Chaumes.

l'an 1571, qu'elles ont esté tirées de leurs mains et laissées pour vingt-cinq ans aux habitantz de Gérardmer, la Bresse et autres subjectz de Son Altesse, qui y tiennent et nourrissent grand nombre de bestail rouge, dont ilz font grands et nottables profficlz, et en recongnoissent Son Altesse de plus du décuple par chacun an que ne faisoient les estrangers, outre la commodité qui luy revient d'une très-grande et infinie quantité de bois de haulte fustaye qui subviennent au deffruict des fonderies des mynes de cuyvre nouvellement descouvertes par de là, et ensuyvent les noms desdictes chaulmes.

Sous la prévosté de Sainct-Diey

Est la montagne ou chaulme appellée communément Sourgchamps et en allemand Mensberg, une giste.

Sous la prévosté de Bruyères

Sont les chaulmes de Lemmersgoutte, en allemand Gauritz, une giste.

Fonyer, en allemand Schirmbsberg, une giste.

Bellefirst, deux gistes.

Bebeuriedt, une giste.

Soub la prévosté d'Arches

La plaine du Hault-de-Chaulme, en allemand Hoheneck,

Schliechtli, quatre gistes.

Vespremont, une giste.

Schmalgurtel, quatre gistes.

Sainct-Jacques, aliàs Jorbsperg, une giste.

Groulin, aliàs Grawel, trois gistes.

Furstumss, deux gistes.

Ficheral, aliàs Fischern et Champy, deux gistes.

Breytsossern, deux gistes.

Brambach, aliäs le Hault-Rouan, une giste.

Altemberg, aliäs la Vielle-Montagne, une giste.

Rotembach, une giste.

Pettershuttly, une giste.

Wintheraw, aliäs Ventron, deux gistes.

Vinthersée, une giste.

Forgoutte, deux gistes.

Fayling, aliäs Drumont, une giste.

Newelden, deux gistes.

Ballon, une giste.

Fault à noter que chacune giste est de quarante bestes rouges.

Description des fleuves et rivières qui prennent leurs sources au duché de Lorraine[1].

La Moselle.

La Moselle prend sa source principale à demye lieue au-dessus du village de Bussans, ban de Ramonchamps, prévosté d'Arches, au pied d'une roche appelée communément le chasteau d'Estaye, passe le long des bans de Ramonchamps et Lonchamps; elle a encor une autre source qui vient d'une fort belle fontaine, au Hault-de-Chaulme, à deux lieues ou environ dessus le village de la Bresse, qui passe à Cornymont, Saulxures, Thiefosse, Vagny, Pecaviller, Dommartin, la Poyrie, Pont, et se rencontrent au-dessus de Remyremont, à un pont dict le pont le Prieur, puis flue contre ledict Remyremont, de là à Archette, Geharmesnil, parmy la ville d'Espinal,

---

1. Voy. Darival, *Description de la Lorraine*, t. I, p. 261, pour compléter ce chapitre et rétablir l'orthographe des noms propres.

contre les murailles et portes de Chastel-sur-Mozelle, Charmes, Bayon, Neufviller, Tonnoy, Flavigny, Méréville, Pont-Saint-Vincent, Toul, Gondreville, Fontenoy, Liverdun, Frowart, Condé, Belleville, Serpanne, Dieulewart, Eston, parmy la ville de Pont-à-Mousson, à Aney, Arth, Molin, Metz, Ladonchamps, Maizières, Lutanges, Richemont, Thionville, Kettenhoven, Koing, Machern, Ham, Mellinck, chartreuse de Rattel, Obercontz, Nidercontz, Sirques, Schengen, Remich, Gravem-Machern, Nittel, Ygel, Reineck, Trèves, Pfalzel, Bencastel, Orenne, Trarbach, Enchirchen, Rochern, Senheim et Cowelence, où elle entre dans le Rhin[1].

La Meuse.

La Meuse prend source en la montagne de Vosges, vers le midi, descend à Sainct-Thiébault, Bazailles, Neufchasteau, Couxey, Domremy, Brexey, Taillancourt, Savigny, Neuville, Vaucouleur, Ugeney, Sainct-Germain, Ourches-la-Grand, Pargny, Void, Sorcy, Vertuzey, Einville, Commercy, Sainct-Mihiel, Verdun, Montfaulcon, Dun, Villefranche, Sathenay, Mousson, Sedan, Donchery, Lune, Maizières, Chaudeney, Muaret, Fincay, Givey, Dinant, Namur, Hoye, Liège, le Traict, Remurde, Venlo, Graven, Bois-le-Duc, Grock, où elle entre dans le Rhin et acquiert le nom de Rhimnense, fait l'isle de Hollande premier qu'entrer en la mer septentrionale.

Meurthe.

La rivière de Meurthe prend origine audict mont de Vosges, au ban d'Anoul, au-dessus de Herbaufain, près

[1]. Il y a évidemment, dans cette nomenclature, comme dans les suivantes, beaucoup de noms défigurés, peut-être même quelques erreurs.

Gerbépault, prend son cours près ledict Anoul, demie lieue Fresse, de là à Saincte-Marguerée, à Sainct-D. ;, Estival, Raon, Deneuvre, Baccarat, Azerailles, Flin, Sainct-Clément, Viller-lez-Lunéville, Blainville, Damelevières, Rozières, Sainct-Nicolas, Artz-sur-Meurthe, Bosserville, Tomblaine, Nancy, Bouxières, et peu au dessus de Condé, à l'endroict de Clévant, entre en la Moselle.

La Sarre.

La Sarre a trois sources : la première soub Dagsbourg, et s'appelle la Rouge-Sarre, passe à Ebersweiller ; la seconde soub le hault Donnon, passe à Sainct-Quirin et rencontre la Rouge-Sarre à la forge d'Ebersweiller ; la troisième source près le petit Donon, assez proche dudict Sainct-Quirin, passe soub Turquestein, à la Fraimbolle, Niderhoff, à La Neufville, au Hazard, Imelingen, Sarbourg, Rudingen, Altorff, Sarech, Obersteinsel, Bartolfingen, Fenestranges, Sarwerden, Buckenhem, Kesscastel, Aulbe, Herbissheim, Woilfringen, Sarresmingen, Rymelfingen, Gemunde, Bliderstroff, Sarbrucken, Liestorff, Frawlauthern, Roden, Valderfenges, Pachten, Sierstorff, Rollingen, Frymestroff, Mecheren, Mertzig, Mettloch, Sarbourg la Treveroise, dez là entre en la Moselle au Contzerbruch, dit le bon Cabillon, et y perd son nom.

La Seille.

La Seille sort du lac de Lindres, passe à Dieuze, Mulcey, Bathelémont, Marsal, Moyenvic, Vic, Salonne, Burthecourt, Chambré, Moncel, Brin, Bioncourt, Bey, Manwoid, Ham, Arrée, Aulnoy, Taisey, Felin, Mailly, Aboncourt, Nomeny, Clémery, Port-sur-Seille, Cheminon, Pomerue, Magny, puis à Metz, où elle entre en la Moselle.

Mauldon[1].

La rivière de Mauldon a deux sources, l'une à Sainct-Vallier, passe à Vaubexey, Bazigney, Dompaire, Viefville, Bouzemont et Raciecourt; l'autre proche de Ville-sur-Illon, passe à Hennecourt, Maroncourt, et se rencontrent à Raciecourt, puis passent à Domvallier, Mattaincourt, Mirecourt, Poursas, Pont, Ville, Gebelcourt, Harouel, Lemainville, Clarey, Ceintrey, Pulligny, Acraignes, Xeulley, le Pont-Sainct-Vincent, où elle entre en la Moselle et y perd son nom.

Brenon.

La rivière de Brenon prend son origine près Vandelainville, passe à Vezelise, soub Houdreville, Clairey, Aultrey, puis entre en Maudon proche Pullegny.

Mortane.

La rivière de Mortane prend sa source en Vosges, entre l'abbaye d'Aultrey et Bruyères, passe à Jehamesnil, Remberviller, Roville, Sainct-Pierremont, Magnières, Moyen, Gerbéviller, Mortane, Mont, où elle entre en Meurthe et y perd son nom.

Vezouse.

Ladicte rivière prend source assez proche de Sainct-Quirin, passe soub Turquesteim, à Sirey, Haulte-Seille, Blâmont, Dompèvre, Herbéviller, Ogiéviller, Haudonviller et Lunéville, où elle entre en Meurthe.

Saulnon[2].

La rivière de Saulnon sort de l'estang de la Garde, passe à Parroye, Henamesnil, Bauzemont, Einville, Mar-

1. Le Madon. — Le Sanon.

ches, Crevic, Grandvezain, Sommerviller, puis à Dombasle, où elle entre en la rivière de Meurthe.

Voulongne.

La rivière de Voulongne prend source au lac de Retournemer, passe aux lacs de Longemer et Girardmer, puis à Granges, Frambemesnil, Baulmesnil, Fymesnil, l'Espanges, Neufville, Docelle, Chenimesnil, et se décharge près de Jeharmesnil en la rivière de Moselle; l'on en tire, en temps d'été, des coquilles ressemblantes aux moules, dans plusieurs desquelles se tirent des perles de fort belle eau, les aucunes approchantes de beauté les orientales.

Neuny.

Neuny est une petite rivière qui prend source assez prez de Taintru, passe Coursieux et se rend en Voulongne à Granges ; en laquelle se treuvent des perles comme en ladicte Voulongne, mais en plus grande quantité.

Nied Romande et Allemande.

La rivière de Nied la Romande commence au-dessus de Lesse, passe à Morville, Baudrecourt, Vauthiemont, Sainct-Epvre, Hadoncourt, Remylly, Ancerville, Bauzoncourt, Demengeville, Panges, Pont-à-Chaulcy, Lautermenges, Nidbruck (aliàs Pont de Nied) et Northen, entre lequel village et Nidbruck lesdictes deux Niedz se rencontrent, retenant la Romande le nom, passe à Wolmeranges, Breicklingen, Flassgarten, Gerlingen, Bettingen, Gelmingen, Fraystorff, Didingen, Bouzonville, Fellstroff, Wellingen, Gersslingen, Altorff, Kirberg, Buren, Sirsstorff, Rollingen et Eymerstorff, où elle entre dans la Sarre.

La Nied allemande prend source à Magsterll et Bidingen, passe à Ebersingen, Tettingen, Stenbiderstroff (aliàs le Pont-de-Pierre), Faulquemont, Créhanges, Elbingen, Flederingen, Helffedenges, Raville, Filling, Morlen, Varize, Conchen (aliàs Condé), au-dessoubs duquel village elle rencontre, à Northen, la Nied Romande, y entre et perd son nom.

La Saone.

La rivière de la Saone prend origine à Vyomesnil, village de la prévosté de Dompaire, passe à Darney, Attigny, Montereul-sur-Saone, Gignoncourt, Chastillon, Jonvelle, Corre, Demangeville, Vauviller, Port-sur-Saone, Chemilly, Serry, Rigny, Grey, Prantigney, Pontarly, Auxonne, la Perrière, Sainct-Jean de Loosne, Senre, Chaalons, La Tour de Vierre, Tornus, Mascon, et soub Lyon entre dedans le Rhone, où elle perd son nom.

Cosné.

Prend source à Grange, puis flue à Moyenpaul, Rasey, Baings, Fontenoy-en-Vosges, Magny, Montmonstier et se rend en la Saone à Demengeville.

Mouzon.

La rivière de Mouzon a deux sources, l'une près de la Marche, l'autre vient de l'estang de Martigny, passe près de Robecourt, Vaudrecourt, Semrécourt, Sartes, Pompierre, Sirecourt (où entre le ruisseau qui vient de Parey-Sainct-Ouain, Ligniville, Mollemont et Chavelot), puis à Rebeuville, au-dessus duquel village le ruisseau venant de Hagneville, Aulnoy, Landaville et Certilleux, entre en ladicte Mouzon, laquelle se décharge à la Meuse au Neufchasteau, où elle perd son nom.

La Leberaw.

La Leberaw prend source à Hoville, vers le Veltin, passe à Keburg, à la Petite Liepvre, Eschery, Saincte-Marie, Saincte-Croix, à Liepvre, puis entre les chasteaux de Hochkonisperg et Franckemburg, et se rend en la rivière d'Ille, entre Slettstatt et l'abbaye d'Eberssheymunster, et y perd son nom.

La Bliesse.

La rivière de Bliesse commence à Bliessborn[1], Imweiller, Offembach, Zur, Linden, Eyweiller, Niderhoven, Wallessweiller, Sainct-Vendelin, Lintzweiller, Orstweiller, Neuwmunster, Wiberkirchen, Weillerssweiller, Spisparch, Altstatt, Woirssweiller, l'abbaïe au-dessus de laquelle est la rivière de Deux-Pontz[2] (appellée Schwolbe), se rencontre et y rentre, puis à Bierbach, Lutzkirch, Bliesscastel, Blickweiller, Briedfort, Wolferssheim, Bliessherlessheim, Glerssheim, Reymin, Ebesingen, Harkirchen, Frauwourg, Mengen, Bolchen, Kirssweiller, Guemunde, où elle entre en la Sarre et perd son nom.

La Brims.

La rivière de Brims prend source à Butteldt, près Wadrille, passe à Kastel, Mettenich, Mulfeldt, Krettenich, Bondenich, Barembach, Busstesdt, Gorldbach, Bopperg, Brimsweiller, Kirperg, Bilsstorff, Nolbach, Trefferthal, à costière de Dullanges, puis entre en la Sarre entre ledict Dullanges et Valderfenges.

1. Il faut sans doute ajouter : passe à.
2. Cette phrase est inintelligible.

La Biesteim.

Ce ruisseau prend sa source d'un estang près Hamau-Warner, puis flue ez villages de Biesten, Diefferten, Werbel et Vadgassen, où il entre en la Sarre.

La Lauther.

Sort d'un estang prez Longeville, passe à Sainct-Avé Hombourg (où le ruisseau de Rosseln entre), puis à Rosbrucken, Petit et Grand Rosseln (où entre le ruisseau qui vient de Forbach), delà à Geysslauthern, où elle retient tousjours le nom de Lauther, jusqu'à Werden qu'elle entre en la Sarre.

La Sorne.

La rivière de Sorne sort de dessoubz le prieuré[1] de Sainct-Léon, près Dagsbourg, passe à Walschit, soub Haselbourg, Lutzelbourg, soub le chasteau de Bar, à Saverne, Montzweiller, Steinberg, Dettweiller, Hoschfeldt, Waltenheim, Brompt, Hordt, Oberhoff, Drusenheim, où elle entre, avec la rivière de Mother, au Rhin.

La rivière de Chasteau-Sailin, aliàs d'Amelécourt.

Prend source à l'estang de Weiss, soub Chasteau-Houel, passe à Hampont et par le Val-de-Vaxey, Amelécourt, et se rend en la Seille entre Burthecourt et Chambré.

Veire.

La rivière de Veire prend source ez verrières près Darney, passe à Dombrot, Ligniville, Oultrancourt, Mandres, Sainct-Remymont, Belmont, Bouzey, Houécourt, la Neuveville, Vyocourt, Balléville, Removille, Attignéville, le Chastellet, Attigny-la-Tour, Soulosse, Brancourt, puis entre en la Meuse à Maxey-soub-Brexey.

---

1. Lisez : la chapelle ; il n'y avait point de prieuré.

Mothern.

La source de la rivière de Mothern commence soubz le chasteau de Weyersbourg, passe à Motherhaussen, Schmalenthal, Berenthal, Kinspershoven, Utenhoven, où elle est rencontrée d'un ruisseau venant de Reichshoven, près et au-dessus de la ville de Haguenaw, près le village de Schwichhausen, passe le ruisseau qui flue à Ingweiller et Pfaffenhoven, et entre en ladicte Mothern, passe oultre parmy ladicte ville de Hagenaw et assez proche du Rhin, y entre, aussi la rivière de Sawr ; y entre aussi la rivière de Serre, qui prend source soub le chasteau de Dagsbourg, passe joingnant une ville ruinée du duché de Lorraine, dicte Dunère[1], par le village de Lutzelbourg, Saverne, Dettweiller, Hochfelden et Brompt, puis se rendent toutes dans le Rhin à Drusenheim.

Il y a grand nombre d'autres petites rivières et ruisseaux, comme celuy qui passe à la Croix-aux-Mynes, Leaveline et Wysembach, aultres au val de Senone, Moyenmoustier, Harbache, Sainct-Blaise-lez-Raon, Vezeval, la Sausuyre, Durbion, Avière, Waise, Longnon, Coulon, Trimmas, la Messuelle[2] et plusieurs autres semblables de petite importance, cy obmis affin d'éviter prolixité.

Noms des villes et bourgs dudict duché de Lorraine.

2291. Nancy.
2292. Sainct-Nicolas.
2293. Rozières.
2294. Einville.

---

1. Nous n'avons pu deviner de quelle localité veut parler le président Alix.
2. L'Amesule.

1295. Lunéville.
2296. Raon.
2297. Sainct-Diey.
2298. Amance.
2299. Preny.
2300. Gondreville.
2301. Chasteau-Sallin.
2302. Salone.
2303. Gerbéviller.
2304. Bayon.
2305. Ormes.
2306. Magnières.
2307. Frowart.
2308. Mirecourt.
2309. Dompaire.
2310. Darney.
2311. Arches.
2312. Bruyères.
2313. Charmes.
2314. Chastenoy.
2315. Neufchasteau.
2316. Vitel, marché.
2317. Donjulien, marché.
2318. Sandaucourt, marché.
2319. Ville-sur-Illon, marché.
2320. Fontenoy-en-Vosges.
2321. Vaudémont.
2322. Vézelise.
2323. Blamont.
2324. Ogiéviller, marché.
2325. Deneuvre.
2326. Chastel.
2327. Clezentaines, foires.
2328. Espinal.
2329. Hatonchastel.
2330. Rouveroy.

2331. Sirques.
2332. Boullay.
2333. Valderfanges.
2334. Mertzig, marché.
2335. Bouzonville, foires.
2336. Beaurains.
2337. Guemunde.
2338. Dieuze.
2339. Vargaville, foires.
2340. Faulquemont.
2341. Puttelanges.
2342. Forbach.
2343. Morhanges.
2344. Commercy.
2345. Vignot.
2346. Saincte-Marie, marché.
2347. Sainct-Hippolyte.
2348. Le Pont-Sainct-Vincent, marché.
2349. Bullegnéville.
2350. Biche, aliàs Kaltenhaussen.
2351. Aulbe.
2352. Sarbourg.
2353. Pfaltzbourg.
2354. Hombourg.
2355. Sainct-Avol.
2356. Marsal.
2357. Longeville, foires.

Eglises cathédrales soub la métropolitaine de Tréves.

2358. Metz, Sainct-Estienne.
2359. Toul, Sainct-Estienne.
2360. Verdun, Nostre-Dame.

Eglises collégiattes.

2361. Sainct-Diey.
2362. Sainct-George, de Nancy.
2363. Sainct-Michel, audict Nancy.

2364. Vaudémont, Saint-Jean-Baptiste.
2365. Darney, Sainct-Nicolas.
2366. Blamont, Nostre-Dame.
2367. Deneuvre, Sainct-George.
2368. Haussonville.
2369. Hatonchastel, Sainct-Maur.
2370. Commercy, Sainct-Nicolas.
2371. Sarbourg, Sainct-Estienne.
2372. Hombourg, Sainct-Estienne.
2373. Remyremont, Sainct-Pierre.
2374. Espinal, Sainct-Goërick.
2375. Thelod.
2376. Marienfloss, Nostre-Dame.
2377. Marsal, Sainct-Estienne.

Abbayes de religieux.
Premier.

2378. Sainct-Martin[1], de Nancy.
2379. Clerlieu.
2380. Lunéville.
2381. Belpré.
2382. Sainct-Sauveur.
2383. Domepvre.
2384. Haulte-Seille.
2385. Belchamps.
2386. Senonne.
2387. Moyenmoustier.
2388. Estival.
2389. Aultrey-en-Vosges.
2390. Chamoysy.
2391. Bonfay.
2392. Salival.
2393. Sainct-Epvre.
2394. Saincte-Marie-aux-Bois.

1. Voy. la note, p. 35.

2395. Sainct-Benoist en Woyvre.
2396. Sainct-Martin les Glandières, aliàs **Longeville**.
2397. Viller-Bettnach.
2398. Tholey.
2399. Mettloch.
2400. Bouzonville.
2401. Fraystroff.
2402. Sainct-Avol.
2403. Sturtzelborn.

Abbayes de dames.

2404. Remyremont.
2405. Espinal.
2406. Poursas.
2407. Bouxières[1].
2408. L'Estanche.
2409. Vargaville.
2410. Sainct-Pierre ès Metz.
2411. Saincte-Marie ès Metz.
2412. Dames Prescheresses de Nancy.
2413. Saincte-Claire, de Neufchasteau.
2414. Frauw-Lauthern.

Couventz de religieuses.
Sœurs grises.

2415. Nancy.
2416. Lunéville.
2417. Chasteau-Sallin.
2418. Ormes.
2419. Dieuze.

Autres sœurs.

2420. Rustorff lez Sirques.
2421. Rentingen lez Sarbourg.
2422. Tetterchen lez Boulay.

---

1. Voy., pour ces abbayes, les notes, p. 37, 67 et 99.

Prieurez.

2423. Nancy.
2424. Sainct-Nicolas.
2425. Varengeville.
2426. Sainct-Don.
2427. Vendeuvre.
2428. Les Neuves-Maisons.
2429. Laistre-soub-Amance.
2430. Blanzey.
2431. Salone.
2432. Lay.
2433. Gerbéviller.
2434. Froville.
2435. Landécourt.
2436. Le Moynier soub Deneuvre.
2437. Léomont.
2438. Manonviller.
2439. Beaulieu.
2440. Le Sainct-Mont.
2441. Hérival.
2442. Droicteval.
2443. Plombières.
2444. Romont.
2445. Abiey.
2446. Flavigny.
2447. Belleval.
2448. Neufviller.
2449. Boullaincourt.
2450. Vandelainville.
2451. Monstereul-sur-Saône.
2452. Aspremont.
2453. Chastenoy.
2454. Neufchasteau.
2455. Gerbonvaul.
2456. Bainville-aux-Mirouers.
2457. Amanges.

2458. Zell.
2459. Thiecourt.
2460. Oultremont.
2461. Bonneval.
2462. Relanges.
2463. Liepvre.
2464. Mertzig.
2465. Greventhal.

Couventz de Cordeliers.

2466. Nancy.
2467. Neufchasteau.
2468. Raon.
2469. Mirecourt.
2470. Sarbourg, désert.

Couventz d'autres religieux.

2471. Minimes de Nancy.
2472. Minimes de Serres.
2473. Capucins de Nancy.
2474. Carmes.
2475. Jésuites de Nancy, noviliat.

Commanderies de l'ordre Sainct-Jean de Hiérusalem.
Premier.

2476. Sainct-Jean-du-Viel-Aistre de Nancy.
2477. Sainct-Georges lez Lunéville.
2478. Virecourt lez Bayon.
2479. Xugney lez Charmes.
2480. Marbotte.
2481. Nourroy.
2482. Robécourt.
2483. Sarbourg.
2484. Gelloucourt.
2485. Bickingen.
2486. Libdos.

Chartreuse.

24×7. Rattel-lez-Sirques.

—

Elogium in laudem Lothoringiæ loco coronidis.

Sunt aliis alii fæcundi dotibus agri,
  Non omnis tellus omnia ferre potest.
Pinguia fertilibus celebrantur Gargara campis,
  Nec minor est siculo laus tribuenda solo
Baiiæ delitiis, fulno Pactolus et auro,
  Argento Suedus, Thure superbus Arabs.
At tu sublimes inter Lothringia terras
  Et medio veluti portus et ora loco ;
Ceu varios hinc inde legens lectissima succos
  Excellis patriis dives et aucta bonis.
Te credo natura sibi delegit alumnam
  Profundit plenos sic tibi larga sinus.
Seu nos arva juvent, flavis splendentia culmis,
  Seu pascens anidum pinguia prata pecus.
Flumina frondosas inter manantia ripas
  Seu saliens nudo garrula limpha pede.
Non contenta uno præferri munere tellus
  Præcellis variis concelebranda modio.
Hic campi virides, iste it per nubila colles,
  Conscendunt, alibi flavet opima seges :
Utque scatet variis rupes Parnassia lymphis
  Intensisque ruunt inter opaca sonis.
Sic tibi vitiferis manantes rupibus undæ,
  Per feræ jucundo murmure saxa strepunt.
Vixque locus patriis quamvis desertior oris.
  Cui non dulcis, aqua lætior, unda fluat.
Quin etiam calidas alibi cultissima thermas

Ebullis morbis hæc medicina tuis.
Huc macerata malis fugitat gens incola curis
　　Delitiis animos hic reparatque graves.
Hæc etiam extremi veniunt ad balnea Celtæ
　　Naturæque stupent parturientis opus.
Denique nascentem trino tu fonte Mosellam,
　　Ad Treviros plenis impete fundis aquis.
Quem Sara, quem Mortana suis, quem Murtha
　　　　　　　　　　　　　　　[procellis],
　　Quem juvat illatis sella superbus aquis.
Inde etiam innumeri saltant sata pinguia rivi
　　Humectantque undis gramina læta suis.
Dulcia vitiferis passim nascentia divis
　　Certant purpureo vina colore tibi.
Alma Ceres frugumque parens, cultrixque
　　Hospite te gaudet vivere, teque frui.
Illa tibi segetem plenis fæcundat aristis,
　　Illa fovet campis gramina læta tuis.
Quot tibi frugiferis errant in montibus agnæ;
　　Quam pendet saxis crebra capella tuis.
Quam tibi fæcundæ veniunt ad mulctra juvencæ,
　　Deportant tumidos quæ tibi lacte.....
Nempe Girardmæi hæc alti tibi munera colles
　　De᠎ omunt, nivei qua tibi lactis onus.
Qua celebris pingui fertur tibi caseus arvo
　　Quem pressat casulis ipse Menalca suis.
Quid reliquas tot opes tenui comprendere versu
　　Fontem queis nulli hac luce secunda vigis
Quem maris horrisonat alii sectantur ad oras,
　　Fontibus elicitum tu coquis ipsa salem.
Argenti variique patet tibi fossa metalli,
　　Et latet intactis aurea pena locis.

Clara Vosagæis flantur tibi nitra sub undis
Et specula artifici non nisi digna manu.
Adde quod aerio gemmas fulgore nitentes
Flumina devolvant montibus orta tuis.
Et qui cærulea color est jucundior aura,
Quique alibi nusquam, nascitur ille tibi,
Distinctum variis pro ducis jaspida punctis
In Calchedonium, tu Gagatenque paris.
Sevia magnifico generas alabastra colore,
Maternisque seras marmora dura locis.
VIVe VaLe, Latos Inter CVLtIssIMa fVnDos
VIVe, VaLe sVCCo, tV potes Vna tVo.

Epistre dédicatoire à Son Altesse sur le discours et observations de la chartre de Biche.

Monseigneur,

Les justes et légitimes occasions qui ont meu Vostre Altesse à s'emparer de ses chasteaux, chastellainies, ville, terre et seigneurie de Biche, pour icelles réunir et réincorporer au domaine de son duché de Lorraine, comme vray, indubitable patrimoine et pied de terre d'iceluy, sont assez notoires à un chacun, parquoy ne seroit que superfluité, comme aussy j'ay jugé, n'estre nécessaire d'en faire icy autre redicte, seulement qu'il ne seroit du tout hors de propos sy, succinctement, je ramentenois à Son Altesse que tost après le retour de monsieur le comte de Salm, baron de Viviers, mareschal de Lorraine, gouverneur de Nancy, chef de ceste expédition et exécution, ayant esté advertie qu'à la prise de ladicte place de Bitche ne se seroit trouvé un seul compte, registre, manuel, tiltre, ny document, voire tant soit peu d'enseignement, des rentes, droictz, auctorité, bois, estangs et aultres, dont telles et semblables comtez et seigneuries signalées ont accoutumé estre suivies et accompagnées, il pleut à Vostre Altesse me commectre et députer pour en faire la veue et m'enquérir exactement, par tous les meilleurs moyens dont je pourrois adviser, de ce en quoy elle consistoit; à quoy obtempérant très-humblement, je m'y acheminay dez aussi tost, et y emploiay le temps de trois sepmaines, assisté de quelques officiers anciens qui en avoient la cognoissance, lesquelz firent les cavalcades avec moy par tout le district et circuit, de borne en borne, et notamment par les forrestz et lieux limitrophes d'aultres principaultez et seigneuries, où j'espère n'avoir rien obmis, et dont je dressay à l'instant un registre en forme de chartulaire, signé de ma main, lequel je mis au Trésor (où il est encor de présent[1]) afin d'y avoir recours en cas de nécessité. Or (Monseigneur), s'estant depuis présenté à Vostre Altesse un excellent et expert mathématicien, nommé Jean Sechilier[2], pour rédiger ladicte seigneurie en une chartre géographique ou topographique, estant Vostre Altesse certiorée de la suffisance et expérience de l'ouvrier, elle trouva bon luy en donner permission, suivant laquelle, et ayant luy-mesme veu et perlustré le tout,

---

1. Ce registre est encore aujourd'hui au Trésor des Chartes, layette Bitche, j, n° 4. Il est intitulé : « Registre contenant déclaration sommaire des mairies, sergenteries, villages, conduitz (ménages), feulx, revenuz, poidz, mesures, estangs, limites, frontières, droitz, loix, usages et coustumes de la terre et seigneurie de Bitche. Par Thierry Alix, conseiller au Conseil privé de Monseigneur, président en sa Chambre des Comptes de Lorraine, par commission du dernier d'avril m. v.c septante sept ». Dans ce registre le texte est partie en allemand, partie en français.

2. Schille.

luy auroient ses desseings succédé si heureusement, qu'impossible de mieux, pour avoir très-dextrement colloqué toutes choses en leurs lieux et n'y rien oublié, voire jusques aux plus petites montagnes et collines et aultres minuties, encor qu'il en y ayt un fort grand nombre ; et estoit bien son intention d'adjouster les noms d'une chacune, ainsi que monstrent les marques y apposées, et mesmes des rivières et ruisseaux et aultres particularitez, sy la mort ne l'eust prévenu. Pour ad quoy aucunement suppléer, et d'aultant que, par les visites et recherches que j'en ay faictes du commandement de Vostre Altesse (comme dict est), j'en ai acquis certaine et entière cognoissance, comme ayant veu le tout, j'ay estimé que Vostre Altesse auroit pour agréable si, oultre mon aultre recueil et chartulaire, j'amplifiois encor ceste chartre et y rapportois (comme je fais) les chasteaux, paroisses, mairies, sergenteries, nombre de conduictz, montagnes, vallées, rivières et ruisseaux, lacz, estangs, bois, forrestz, voire jusques aux aires d'oyseaux, les loix et coustumes générales et municipales, frontières, limites et extendues de ladicte seigneurie, tant suyvant les documentz et panchartes estans en leurs originaulx sains et et entiers au Trésor, que par la description nouvelle qui en fut faicte par moy, où sont désignées et descriptes spécifiquement toutes les bornes avec leurs noms, postures et distances. S'y trouvera pareillement l'érection et première fondation de l'abbaye de Sturzelborn, ordre de Citeau, en l'an 1143, par Symon, duc de Lorraine, seigneur dudict Biche (où il faisoit le plus souvent sa résidence), sur son propre alloeud, domaine, fond, pied de terre ancien, en la forest de Wasgaw, à deux lieues dudict Biche. les noms de Messeigneurs les ducs de Lorraine et aultres seigneurs et personnages signalez qui, depuis, y ont esté inhumez, leurs épithaphes, avec la situation, limites et extendues d'icelle abbaye. C'est, Monseigneur, ce que sommairement j'ai peu remarquer de plus digne observation en ladicte terre et seigneurie de Biche ; je supplie doncques à Vostre Altesse plus que très-humblement recevoir ce petit (tel quel) labeur de sa bénignité accoustumée, attendant aultres chartres et mémoires de plus grande conséquence, c'est à sçavoir du droict qui luy appartient ez royaumes de Naples, Siciles, duchez et comtez d'Anjou et de Gueldres, Provence, Zutphen et aultres, si toutesfois Vostre Altesse aura pour agréable que cela se fasse et qu'il plaise à Dieu me relever de ceste fascheuse et grande maladie de laquelle je suis détenu puis un an demy ençà, priant Dieu, le créateur (Monseigneur), qu'il luy plaise augmenter et accroistre journellement en Vostre Altesse ses sainctes grâces et bénédictions, en parfaicte santé, prospérité et très-longue vie. A Nancy, ce mars 1594.

Discours sur la chartre et description du comté de Biche.

Le comté de Biche, ancien domaine, pied de terre, fond, patrimoine et souveraineté du duché de Lorraine, est divisé en deux parties : celle qui est exposée à l'orient est située au Wasgaw, et celle vers occident est dicte Imgaw, qui est la plus fertile.

Le Wasgaw commence en la Basse Aulsais et s'extend jusques à un païs ou contrée dicte Hothlandt, proche Keyserd Lauthern ; ceste contrée du Wasgaw est stérile, rude et montueuse, consistant en grandes forrests, habondante en venaison de bestes sauvages.

La partie et contrée dicte Imgaw est plus fertile en toutes espèces de grains et légumes, et par conséquent mieulx peuplée que l'autre, commence ez montagnes d'Aulsais, passe oultre la Sarre et s'extend jusques au comté de Sarbrucken, païs plein, n'y ayant que bien peu de montagnes ou collines; y sont plusieurs petites rivières et ruisseaux assez fertiles en barbeaux, perches, truictes, loches et escrevisses; n'y manequent aussi les forrestz, non plus que la venaison et gibier.

Ledict païs est froid, l'air y est bon et salubre; le circuit est de dix lieues communes, de longueur six lieues, et trois lieues de largeur.

Au cœur duquel est le chasteau dudict Biche, sur une montagne, et au pied d'icelle la villette de Kaltenhaussen; consiste, au reste, en plusieurs bons villages, gagnages, moulins et grand nombre d'estangs, dont sera faict dénombrement et déclarations cy après, ensemble des limites, district et extendue, selon que le tout est fort clairement distingué tant par les panchartes authentiques de ses limites, district, extendue, et fondation de l'abbaïe de Sturzelborn, que par la visitation et reveue qui en fust faicte, du commandement de Vostre Altesse, par le président des Comptes de Lorraine[1], en l'année 1577, en présence d'aucuns officiers et les dix forrestiers à cheval, qui par chacun jour de l'année, font leurs cavalcades chascun ez limites de sa charge, et notamment ez bois, afin qu'il n'y puisse avoir entreprinse au préjudice de Vostre Altesse.

Le comté consiste, outre Kaltenhaussen, en quarante six villages[2] du domaine et neuf mairies, sçavoir : Schr...

---

1. Thierry Alix, seul parier de cet office.
2. Ces villages sont énumérés plus haut, p. 10 et 11.

bach, Bussweiller, Obersteimbach, Waldsbornn, Rumlingen, Altheim, Gailbach, Biningen et Rollingen. Cinq censes ou gagnages, sçavoir : Genterssperg, Waldeeken, Egelssardt, Albertingen et Udweiller, et en aultres villages qui ne sont de mairies, ainsy qu'il sera dict cy-après.

Soub la mairie de Schorbach sont la villette de Kaltenhaussen, le faubourg de Ror, village dudict Schorbach (où est la paroisse et mère-église de ladicte mairie), distant dudict Biche d'une demye lieue ; Lengissheim, distant d'une lieue dudict Biche ; Hanweiller, d'une demye lieue, et Reigerssweiller, d'un quart de lieue.

Soub la mairie de Bussweiller sont les villages dudict Bussweiller, distant d'une demye lieue dudict Biche, et Breytembach d'une lieue.

Soub la mairie de Waldsbornn sont les villages dudict Waldsbornn, distant d'une lieue et demye dudict Biche ; Haspelschild, d'une demye lieue ; Wadhaussen, d'une lieue ; Greppen, d'une lieue et demye ; Durthen, d'une lieue et demye ; Eppenborn, d'une lieue et demye ; Hilscht, d'une grande lieue ; Schweigs, d'une grande lieue ; Ludenchildt, d'une lieue, et Ropweiller, d'une lieue.

Soub la prévosté et sergenterie de Rumelingen sont les villages dudict Rumelingen, distant d'une lieue et demy ; Bedweiller, d'une grande lieue ; Hollingen, d'une grande lieue ; Eppingen, d'une grande lieue ; Urbach, d'une lieue ; Wohnmister, d'une lieue ; Weiskirchen, d'une lieue ; Geysingen, d'une lieue et demye ; Rederchingen, d'une grande lieue ; Hodtweiller, d'une demye lieue, et Glasshuit, alias Holbach, d'une demye lieue.

Soub ladicte sergenterie et charge d'un sergent à part sont les villages d'Orchingen, Orussweiller et Walstim.

Soub la sergenterie de Biningen sont les villages dudict Biningen, distant d'une lieue et demye dudict Biche ; Sigerstal, d'une demye lieue ; Leymberg et Lampach, d'une grande lieue et demye ; Eychemberg, d'une petite lieue ; Rorbach, d'une grande lieue ; Achen, de deux lieues ; Roderchingen, de deux lieues, et Kalenhaussen, de deux lieues.

Soub la mairie de Rollingen n'est que le seul village de Rollingen, beau et grand village ; est distant d'une bonne lieue et demye dudict Biche.

Soub la mairie d'Altheim n'est que ledict village, distant de deux bonnes lieues dudict Biche.

Soub la mairie de Gailbach sont les villages d'Obergaïlbach et Nidergaïlbach, distans de Biche de deux grandes lieues et demye.

Soub la prévosté d'Oberstaimbach n'est que le village dudict Staimbach, distant de deux lieues et demye dudict Biche.

Aultres villages qui sont d'ancienneté de la chastellainie de Morsperg, partie desquelz les feuz seigneurs de Biche souloient tenir en fied, y avoient des mayeurs pour leur advenant et faisoient suivre les rentes audit Biche. Iceulx sont présentement unis au dommaine de la chastellainie de Dieuze, sçavoir : Kuttingen, Luderfingen, Amanges, Miders, Conthal, Hilsperg, Eussveiller et Toningen. pour la quote part que un chacun d'iceulx payoit et respondoit audict Biche.

Aultres villages sis soub la haulte justice dudict Biche, sçavoir : Wolfflingen et Wyssweiller, tenus par Philippe comte de Nassaw ; Neunkirchen et Mengen, de la chastellainie de Germunde ; Wedesheim, petit chasteau avec deux ou trois maisons, fied dudict Biche, tenu par les Gentersperger, Schweigen, Eschweiller, Lutzweiller et

Fischbach, possédez par divers seigneurs ; Momborn, petit village, fied du Palatinat, auquel Vostre Altesse ne prend sinon quelques recognoissances en deniers, poulles et aveines, ad cause du pasturage au ban d'Andernheim, dépendant dudict Biche ; Ormingen, village dépendant de l'abbaye de Herbitzheim, auquel Vostre Altesse prent chacun an trente florins de taille et quarante deux malders d'aveine.

Noms et nombre des estangs dudict comté de Biche, de la portée d'un chacun d'iceulx.

Rockenbacher Weyger, entre Biche et Motterhausen, peult porter alvins.................................... viii^c
Wunstervag, au dessoub du dessusdict, porte.... i^m
Haselwag, au dessoub dudict Unterwag, dez longtemps désert, et pouvoit porter........................... ij^m
Stattweyger, qui est celuy joignant Kaltenhausen, porte.. ij^m et ^{c}
Ramstainer Weyger, proche du faulxbourg dudict Biche.. ij^m et ^{d}
Haspelschitter Grossweyger, peut porter........ x^m
Haspelschitter Klain Weyger, alias dir Pschontfurth, au-dessus du précédent.............................. xii^c
Peter Meyers Weyger, au-dessus du précédent.. xii^c
Distschmans pfann, ou Dietzelspfanner Weyger. viii^c
Breytembacher Weyger........................... ij^m
Waldsbronner Weyger............................ ij^m et ^{c}
Hilster Weyger................................. ij^m
Musswag .... i^m et ^{c}
Ress ou Gayswag................................ iij^c
Stambacher Weyger, joingnant au village de Staimbach.. xv

Un autre au-dessus du précédent, prez de l'Imenstain.. IX
Neunhover New Weyger..................... IV
Neunhover, joingnant le village............. ij= v
Kirch Weyger, joingnant au précédent......... ij
Neunwag, soub le Hundsmatten............ iiij= v
Keyselspricher Weyger, au-dessus de Reyhersweiller... ij
Rollinger Weyger....................... ij= et
Newschmalenthaler Weyger................. vi
Un aultre au-dessus..................... viij
Schreiberswag, au-dessus de Resswag......... i
Staimbacher Weyger...................... vi
Trulbacher Weyger....................... v
Holbacher Weyger....................... vi

Aultres estangs pour truites.

Stochweyger, qui est celuy dans lequel est bastie la maison de Motterhausen, à une petite lieue de Biche.

Derweiger Imlindthal, distant d'un quart de lieue dudict Motterhausen.

Breytembacher Weiger, au-dessus du précédent, à deux harquebusades soubz ledict Motterhausen, peult porter, oultre les truictes, v^c d'alvins.

Der Weyger oben an dem altem Bildstöchel, au-dessus dudict Motterhausen, peult porter, oultre les truittes, ij d'alvins.

Schranecken Weyger, au-dessus du précédent, peult porter, oultre les truittes, ij d'allevins.

Derweyger Imder Winther Spach, au-dessus du précédent, peult porter, oultre les truictes, iij d'allevins.

Der Weyger Imder Lemerthal n'est que pour truittes

Carpières et réservoirs.

Derkesswag, petit estang soub le moulin de Ramstain.

Der Schlimbertinger Wag, au-dessus de Schembersswag.

Cuntznarren Weyger, au-dessus du précédent.

Imbspacher Weyger.

Derweyger bey der Lochmulln, joingnant Keiselsspucher Weyger.

Goldschundtz Weyger, prez Biche.

Buppacher Weyger, au-dessus du précédent.

Der Millwag Introweiller ne sert que pour le moulin.

Lochersvacher Weyger, soub Leymberg.

Der Dreuckweyger, In Walderken.

Das huck Weygerlin, prez ledict Walderken.

Un autre petit estang appellé de mesme que le précédent.

Der gross Waldecken Weyger.

Der Mittelwag unden an Falkenstein

Der Grassen Weyger.

Der Lnckenbacher Weiger.

Un aultre petit, au-dessus du moulin, dict Lochmül Im der Gerssbach.

Somme 52, tant grandz que petitz.

Aires d'oyseaux estans ez forestz dudict comté de Biche.

En un bois appellé Uff dem Hohenrezel, entre la cense de Gentersperg et Breytenbach.................. i.

Au Buchborn, au-dessus du village de Roppweiller. i.

En la montagne de Berssweiller, au-dessus d'un moulin dict Schlwingelmüll............ .... i.

Uff dem pessart hinder Leymberg............. i.

Au Wilnersperg .... i.

A Melcherhohe, soub la Louvière............... i.
Au Gundtschach.............................. i.
Au-dessus du Griembach .... i.
En un bois dict Volspergers sǔch, assez proche de Lutzelstain................................. i.
En un bois au-dessus de Gailbach, appellé Bischembesch... i.
En un bois dict Geyseiters, au-dessus du moulin de Sitters, proche Bieningen..................... i.
Au bois de Limlinger Waldt, proche Rimelingen.. i.
En un bois dict Wedessleymer Waldt, appartenant aux Gentersspersger, fied de Biche, et auquel un sieur dudict Biche a puissance de hayer et chasser............ i.
En un autre bois dict Uffdemkirch, entre le village de Ridelburg et le moulin dict Dorstelmülr soub Waldssborn.. i.

Nombre desdicts aires : xiiij.

Description des limites, bornes et extendue dudict comté de Biche, ainsi qu'elles sont désignées par panchartes de Monseigneur le duc Mathieu I ou II du nom, en original, saines et entières, au Trésor de Vostre Altesse[1], desquelles la teneur suit de mot à mot.

Omnibus tam præsentibus quam posteris notum sit dominum Matthæum, Lotharingorum ducem, sylvam quæ Wasego vocatur in sua proprietate et bannum supra bestias in ea habitantes, habere : a termino qui Saltz-

---

[1]. Cette pièce est effectivement indiquée dans l'inventaire du Trésor des Chartes, layette Bitche, domaine, I, n° 1, avec cet intitulé : « Sans datte. Lettres en latin contenant les limites de Bitche »; mais on a écrit en marge : *Emporté à Vienne*. La même annotation accompagne la pièce suivante, qui est une lettre de Ferry, seigneur de Bitche, fils du duc Mathieu, datée de l'an 1196.

brugga, Brunissberg, et per descensum rivuli qui Visschbach vocatur, usque ad Peterligum. De Peterligum, per ascensum semitæ usque ad Wendelesloch ; et per aliud latus in descensu, usque in Inferiore Staimbach ; et per ascensum rivuli qui Staimbach usque ad ortum ejusdem rivuli. De fonte verò qui Stainbrunno vocatur usque Nunhoven ; de Nunhoven autem usque Hundenesse ; de Hundenesse usque Liegesbach ; de Liegesbach usque Hamelesloch ; de Hamelesloch usque Smalendal ; de Smalendal, per ascensum rivuli qui Mathera vocatur, usque ad domum Giselberti, per ascensum rivuli qui Ligenbach vocatur ; de Ligenbach usque Breidenstain ; de Breidestain usque Crigensbach ; de Crigensbach usque Kirsbach ; de Kirsbach usque Durnen ; de Durnen usque Waldsburn ; de Waldsburn usque Bittewire ; de Bittewire usque Birmesesshum ; de Birmesesshum usque Guttenbach ; de Guttenbach per totam plateam usque Saltzbrugge. Per totum verò terminum illum nulli licet agitare bestias, laqueos vel compedes ponere, indagines facere sine licentia domini supradicti ducis et suorum præpositorum. F, comiti de Sarwerde, amico suo, M., dux Lohoringiæ, et ejus filii salutem, et omne bonum. Simus quia vestris inimicis, videlicet comiti S. et V., nocere proposuistis ; quare deprecamur vos, ob intuitum nostræ dilectionis, quatenus infra terminum nostrum prædas agere differatis. Ne enim, quasi nescius petitionem nostram transgrediamini, terminos nostros vobis subnotabimus. A Birmesengenesen, per transversum, usque ad Ormingen ; de Ormingen usque Geroldesheim ; de Geroldesheim usque ad fluvium vicinum Hornbach, qui Sualba dicitur ; dehinc per medium forum Hornbach dirigitur, et ante Guemunde transiens, ad præscriptum lo cum Birmesesgenesse reciprocatur. Villas etiam nos respicientes scribemus : Bottenbach, Lutzwire, Wilmunster, Brenstelbach et Medelessheim, Gelbach, Wisewire, Rudelkirge, Bedeburg, Rorbach, Wigere, Crigessbach, Mabrunnen, Radingen, Oldingen, Wergesinge. Hos terminos comes Gerardus, moriens, Theodorico filio suo jure hæreditario reliquit ; dux Theodoricus Theodorico, filio suo, comiti Flandriæ, transmisit. Idem Theodoricus, comes Flandriæ, Symmundo fratri suo, duci Lotharingiæ, prædictos terminos dedit, quibus ipse filium suum Matthæum hæreditavit. Rutardus, minister præfati ducis, qui hunc terminum didicit a domino Bertolfo, ministeriali homine ejusdem ducis, paratus est confirmare et retinere omni justitia eidem duci ac cunctis posteritatibus ejus.

Description des frontières, limites, extendue et circuit des bois et forrestz dudict comté de Biche, veues, visitées et recognues de borne en borne et de limites à autres, par le président des comptes de Lorraine, par commission spéciale de Son Altesse, en l'an mil cinq cens soixante et dix-sept, soubz la conduicte et assistance d'aucuns des officiers et six forrestiers à cheval ordinaires, chacun desquelz a et sçait son département et les contrées qu'il fault qu'il visite et y face ses cavalcades par chacun jour de l'année, sans obmission, affin qu'il n'y soit rien attenté ny entrepris par qui que ce soit.

Premier.

Les limites estant ez charges de Nickel Fischer, forrestier à cheval, aagé alors de 75 ans, et qui y avoit desjà faict l'exercice l'espace de 54 ans, et de Mathis Jäger, aussy forrestier.

Ladicte visite commença dès un ruisseau séparant la

seigneurie de Liecktenberg, appellée Dieffenfurth, distant dudict Bitche d'une lieue et demye ou de trois heures de chemin, du costé vers Niderborn et Hagenaw.

Dudict Dieffenfurth, amont le ruisseau, jusques à la fontaine dicte der Gauschbrünn, distant dudict Dieffenfurth d'une demye lieue ou d'une heure de chemin.

De ladicte fontaine de Gauchssbrün droict au Hamersloch, aval, distant d'icelle fontaine d'une demye heure de chemin.

Du Hamersloch à un petit village dict Schmalenthal, jusques sur l'autel de la chappelle, laquelle présentement est ruinée, distant dudict Hamersloch d'un quart d'heure de chemin.

Dudict autel à la fontaine commune dudict Schmalenthal, laquelle fontaine faict séparation de la seigneurie de Bitche et de celle des gentilzhommes de Falkenstain, appartenant présentement au comte de Hanaw.

De ladicte fontaine commune, aval le ruisseau de Motherhausen, jusques au Vieil Berenthal, distant d'une demye heure de chemin d'icelle fontaine.

Puis dudict Berenthal, tirant amont une mare dicte Amthannenbrück, jusques au quarre d'un rocher, distant d'un quart d'heure de chemin dudict Vieil Berenthal.

Dudict quarre du rocher, tirant par le milieu dudict rocher, jusques à la plaine de la montagne dicte dir Plattensteig, distant dudict rocher de la portée d'un harquebuse.

De ladicte plaine et de la croix qui y est entaillée, en signe de marque et séparation, tirant en hault, jusques à une borne marquée d'une croix, au-dessus du Vieil Berenthal, distant de deux traictz d'arquebuse.

De ladicte borne en avant jusques au chemin descendant à la Kursteig, distant aussy de deux traictz d'arquebuse.

Du chemin de la Kursteig, par les vallées, jusques aux rochers au-dessus du Buestleger, distant d'une petite heure de chemin.

Desdits rochers, amont la montagne, jusques à un chesne servant de borne, marqué d'une croix, distant d'un traict d'arquebuse.

Dudict chesne à une goutte ou petite vallée tirant aux aultres vallées, à la dextre, montant au chemin dict der Herrenweg, où est un autre chesne servant de borne, marqué d'une croix, prez duquel souloit estre une loge, distant d'une demie heure de chemin.

Dudict autre chesne, par les vallées, jusques à la petite fontaine estant à dextre, sortant d'un rocher auquel est entaillée une croix, distant de deux traictz d'arquebuse ou environ.

De ladicte fontaine, montant à main dextre par les vallées, jusques au chemin qui vient d'un vivier ou mare, appellé communément der Rodtsol, distant de deux traictz d'arquebuse.

Dudict Rodtsol en avant, toujours à main dextre, jusques au lieu où sont trois pierres bornes, appellé der Gundtschach, distant d'une demye heure de chemin.

Depuis lesdictes trois pierres bornes au vieil chemin estant au-dessus dudict Gundtschach, jusques à Langenberg, distant d'une heure de chemin.

Depuis ledict Langenberg, continuant le chemin sur le hault jusques à la borne de la montagne dicte Melcherhöhe, distant de deux traictz d'arquebuse.

Dès ladicte pierre, continuant par le milieu de ladicte montagne de Melcherhöhe, montant jusques au-dessus de Hedmeischsthal, à une mare, une heure de chemin.

Dez ladicte mare, tirant vers le chemin de Sarwerden, montant jusques à une pierre borne dicte der Weistain, un quart d'heure de chemin.

Dez ladicte borne amont, jusques au lieudict dir Wolffssgrub, une bonne heure de chemin.

Depuis ladicte Wolffssgrub, tirant amont par l'ancien chemin à dextre, jusques au grand chemin venant d'Ingweiller, une demye heure de chemin.

Puis, continuant ledict grand chemin d'Ingweiller jusques à une grande pierre borne dicte der Breytstain, une heure de chemin.

Dez ladicte borne de Breytstain, droit au chemin de Monbronn, et dudict chemin, tirant à sénestre, droit au chemin de Falkenstain, la portée d'une harquebuse.

Dudict chemin de Falkenstain jusques aux rochers dietz dir drey Peterstain, une demye heure de chemin.

Depuis lesdictz rocher, continuant ledict chemin de Falkenstain jusques à une pierre borne plantée nouvellement, au mois de mai 1577, faisant séparation des seigneuries de Biche et Lutzelstain, une bonne heure de chemin.

Dez ladicte pierre, droit à la vallée, jusques à un rocher dict der Klingelstain, par dessus lequel découle une fontaine, une demye heure de chemin.

Depuis ledict rocher de Klingelstain, droit amont, puis descendant jusques à une pierre borne plantée derrière la place où souloit estre eu une verrière près Folssperg, une heure de chemin.

Dez ladicte pierre, traversant droit au-dessus, à la montagne dicte Wenterberg et continuant tousjours par le hault jusques à une aultre pierre borne prez ledict Folssperg, une heure de chemin.

Depuis ladicte pierre borne jusques au sentier qui traverse dudict Folssperg vers Monbronn, tirant à bas jusques aux vallées, vers le Spiessmalthen, un quart d'heure de chemin.

Depuis ledict Spiessmalthen, tirant aval un ruisseau jusques à un aultre ruisseau qui vient d'Andernheim, une demye heure de chemin.

Dudict ruisseau d'Andernheim, tirant bas jusques à la Bawrssmatten, puis tirant dez ladicte Bawrssmatten (et à l'endroit d'icelle), en amont jusques à une pierre borne estant sur la montagne dicte der Katzemberg, deux traitz d'arquebuse.

Depuis ledict lieu au chemin tirant par le hault vers ledict Monbronn, où sont trois pierres bornes, un quart d'heure de chemin.

Depuis lesdictes trois pierres, droit par la montagne dicte dir Hardt, à costière du petit bois, tirant en bas par les vallées jusques au ruisseau qui découlle de l'estang dict Schaffbrucker Weiger, une heure de chemin.

Puis, contremontant ledict ruisseau parmy ledict estang, et puis à sénestre jusques à la Mommerklingen, une demye heure de chemin.

Depuis la Mommerklingen, droit par devant le bois, aval jusques à la pierre borne plantée à Bornthal, demye heure de chemin.

Depuis ledict Bornthal jusques à une pierre borne sur la montagne, derrière les champs d'Einchenberg, un quart d'heure de chemin.

Depuis ladicte borne, parmy les bois, jusques au-dessus de Gissperg, sur les héritages de l'abbaye de Sturzelbrunn, une demye heure de chemin.

Nota que tout le circuit cy-dessus consiste en bois, et borne contre le comté de Sarwerden au Katzenberg, contre le comte Otto Ringrave, vers les trois pierres bornes, contre le duc de la Petite-Pierre vers Folsperg, et contre le comte de Hanaw, à cause de sa seigneurie de Lichtenberg, presque partout les autres endroitz.

Les limites de la charge d'Eberhardt Barthel, mayeur et forrestier de Rollingen, recognues soub sa conduicte et de Briden Martin, homme ancien dudict lieu.

Ladicte visite fust continuée et commencée à la pierre borne estant sur la montagne de Katzenberg (de laquelle mention est faicte par l'article septième précédent), tirant droit à la pierre borne estant sur le chemin, distant de ladicte borne de Katzenberg d'un quart d'heure de chemin.

Dez ladicte pierre, du chemin à une aultre borne faisant séparation des bois dictz Gebrech, appartenans à la seigneurie de Biche, et de ceulx dictz Heiligenringer Sitters, appartenans au comté de Sarwerden, distante l'une de l'autre d'un demy quart d'heure de chemin.

Depuis ladicte borne, droit à une aultre faisant aussi séparation desdictz bois, distante l'une de l'autre de deux traictz d'arquebuse ou environ.

Depuis ladicte dernière borne, descendant jusques au ruisseau appellé die Krisspach, distant de la portée d'une harquebuse.

Depuis ledict Krisspach, montant à costière du bois appellé Gerstel, jusques à une borne dicte Baunstain, faisant séparation des bans de Rollingen et de Bitte, demy heure de chemin.

Dez ladicte Baunstain à une aultre pierre borne estant

au chemin dict der Heyligen Weyg, distante l'une de l'autre de deux traictz d'arquebuse ou environ.

Depuis ladicte borne à une aultre plantée en un prey dict Albenbruel, prez une pièce de bois servant de pont traversant le ruisseau, distant de deux traictz d'arquebuse ou environ.

Depuis ladicte pierre à une aultre plantée sur des champs appellez Hol ou Wfthol, de pareille distance que dessus.

Depuis ladicte pierre, sur la fontaine dicte Schmaltzbrunn, distant d'un bon traict d'arquebuse.

Dez ledict Schmaltzbrunn à une aultre fontaine dicte Eichelbrünn, de pareille distance que dessus.

Depuis ladicte fontaine d'Eichelbrünn, montant a la montagne de Ruelberg et tirant à un poirier servant de borne, joignnant au bois de Schwantel, un quart d'heure de chemin.

Depuis ledict poirier droit au chaulxfour, descendant à une pierre borne plantée au bois appellé Basterwaldt, ladicte pierre faisant séparation des bans de Schmidtweiller de Heymeltingen et d'Ormingen, une bonne demye heure de chemin.

Depuis ladicte pierre, par le bois, droict à la rivière dicte Eychel, un quart d'heure de chemin.

Puis, tirant aval ladicte rivière jusques à la Sarre, une petite heure de chemin.

Depuis ladicte Sarre et par le milieu d'icelle, en aval, jusques à Dudingen, sur la Kramprade, qui est un moulin appartenant au comte de Sarwerden, une heure de chemin.

Dudict moulin, le long et par le milieu de ladicte Sarre

jusques à Berenbach, environ la portée d'une harquebuse.

Limites de la charge de Hanus Jacob Winther, forrestier à cheval à Rimilingen.

Dudict **Berenbach** au bois d'Einssmingen, demye heure de chemin.

Depuis **Wisingen** et jusques sur l'ancien chemin, de là à Brucken, une heure de chemin.

Depuis **Brucken** à Rinheim, droict par le chemin dessus les champs appellez Hirssfeldt, demye heure de chemin.

Delà à **Gerssheim**, jusques au pont, puis au ruisseau dict Hetschembach, un quart d'heure.

Dudict **Hetschenbach** jusques à Hirtzenthal, un quart d'heure.

Dudict **Hirtzenthal** jusques à une pierre borne dicte der Gros Marckstein, un quart d'heure de chemin.

Dez ladicte pierre aux arbres appellez communément Kirckenbaum, sur le chemin dict der Sandtweg, demye heure de chemin.

Desdictz arbres droit au-dessus de Kredenbosch, où est une pierre borne appellée der New Marckstain, demye heure de chemin.

Depuis ladicte pierre, descendant par ledict Kredenbosch aux vieulx fossez, un demye quart de lieue ou demye heure de chemin.

Depuis lesdictz vieux fossez, descendant jusques au ruisseau dict Bickenhalden, outre le gué, autrement dict furth, allant à Edweiller, demye heure de chemin.

Depuis ledict gué ou furth jusques à un lieu dict dir Stecken, demye heure de chemin.

Dez ledict Stecken, montant jusques à une grosse pierre borne dicte der Gross Markestain, un quart d'heure.

Depuis ladicte grosse pierre borne jusques au ban d'Altheim (joingnant), lequel le sieur duc des Deux-Pontz a quelques bois et gagnages à cause de l'abbaye de Hornbach, descendant au bois de Welthersweiller, distant, de ladicte grosse pierre jusques audict bois, d'une demye heure de chemin.

Dudict bois de Welthersweiller jusques à un vieil bastiment dict Scholben, trois quartz d'heure de chemin.

Les limites estans de la charge de Georges Diethmar, forrestier à cheval à Walssborn.

Dudict Schwolben, passant la rivière de Schwolb, jusques devant la porte d'en hault de Hornbach, demy quart d'heure de chemin.

Depuis là, passant parmy le marché jusques à l'autel de la chappelle Sainct-Jean.

Dez ladicte chappelle jusques au ruisseau dict Bottenbach, distant d'une bonne demye heure de chemin, lequel ruisseau de Bottenbach faict séparation de la seigneurie de Biche et de celle des Deux-Pontz, et auquel ruisseau les subjectz de l'une et de l'autre desdictes seigneuries peuvent pescher indifféremment.

Du gros ruisseau dudict Bottenbach, venant de Walssbronn, amont jusques à Pirmenstain, demye heure de chemin.

Dudict Pirmenstain jusques au moulin d'Eigelsperg, aval de Lambach, jusques au gué du ruisseau de Bedweiller, dict dir Bigelspach, un quart d'heure de chemin.

Dudict gué, amont le ruisseau, jusques au moulin d'Eigelsperg, une demye heure de chemin.

Faut noter que ledict forrestier de Walssborn a soub sa charge plusieurs autres endroitz à garder, mais ilz sont situez et compris dans le district et circuict, et au delà des frontières et limites de la seigneurie, sçavoir :

Depuis ledict Walssbronn jusques sur le Pirmenstain et de là au moulin d'Eigelssberg.

Depuis ledict moulin, au travers du hault dict Femirgerhohe, jusques à Eppenbronn.

Puis à l'estang de Haspelschidt, et depuis ledict estang, par la vallée dudict Haspelschidt, jusques au chemin qui vient de Rappweiller.

Dudict chemin, par dessus le Schwarzenberg, jusques à la vallée de Hanweiller, sur la fontaine dicte Hatzbronn.

Puis, contremontant un petit ruisseau appellé der Giess, jusques à Gentersperg.

Depuis, descendant jusques au Finsterbach, jusques au bois dict Olbergerholtz, de là à Eischweiller, puis retournant jusques sur ladicte rivière de Schwolben ; et sont lesdictz endroitz de l'extendue de deux lieues de long et d'une lieue de large.

Du moulin d'Eigelsperg (dont mention est faicte par l'article VIII précédent), amont le ruisseau, jusques au lieu dict dir Büchenstauden, distant du susdict moulin d'une heure de chemin.

Desdictes Büchenstauden, par mont et val, jusques au chaulxfour, distant d'une demye heure de chemin.

Dudict chaulxfour, aval un hault chemin dict dir Lenckel, delà sur un estang appellé der Saltzwag, anciennement Satzbrücken, distant d'une heure de chemin.

Dudict Saltzwag, aliàs Satzbrücken, sur le Vendssloch, demy quart d'heure de chemin.

Dudict Vendssloch jusques sur Espicheloch, une heure de chemin.

Dudict Espicheloch, par mont et val, jusques sur le ruisseau ou fontaine de Bischbach, une bonne heure de chemin.

Dudict ruisseau ou fontaine de Bischbach, à val, jusques au moulin du village de Vischbach, du costé de Lemberg, et non oultre le ruisseau, une bonne heure de chemin.

Limites de la charge de Martin Andress, prévost et forrestier à cheval en la contrée de Staimbach.

Depuis le moulin de Bischbach (mentionné au dernier article précédent), du costé de Staimbach au chemin passant par la chappelle Sainct-Ulrich, jusques au ruisseau de Sainct-Peters Bachlin, distant de la portée d'une harquebuse.

Dudict Sainct-Peters Bachlin, tirant amont jusques au Feldtsloch, en la plaine où est une pierre borne, demye heure de chemin.

Dès ladicte pierre, descendant par les vallées jusques à la fontaine dicte Geissborn, un quart d'heure de chemin.

De ladicte fontaine, descendant sur le petit ruisseau dict Langenbachel, un quart d'heure.

Depuis ledict Langenbachel, aval, jusques au ruisseau qui passe par le village d'Oberstaimbach, la portée d'une harquebuse.

Dudict ruisseau, descendant jusques à l'estang de Niderstaimbach, demy quart d'heure de chemin.

Depuis ledict estang jusques sur le Thomansbach, et delà montant jusques à la fontaine dudict Thomanshorn, un quart d'heure.

Depuis **Thomansborn** jusques à la pierre estant en la plaine sur la montagne de **Weidberg**, faisant séparation de la montagne dicte der Momenberg, ung demy quart d'heure.

De ladicte pierre, descendant par les vallées au-dessus du Sultzbach, joignant aux bois dictz **Peterswalden**, où est une pierre borne, la portée d'une harquebuse.

Depuis ladicte borne, amont jusqu'au vieil chasteau dict Wydberg Schlolsslin, contre le rocher duquel est entaillé une croix servant de borne et faisant séparation des bois de Schönrech, la portée d'une harquebuse.

Dudict vieil chasteau, continuant droict par la montagne jusques au lieu dict Dambacher Lochel, où est une pierre borne, demye heure de chemin.

Dez ladicte pierre jusques à l'estang de Speckwag, un quart d'heure.

Depuis ledict estang, tirant par une mare dicte das Holbruch, en amont, jusques à une pierre borne estant au bout dudict Holbruch, la portée d'une harquebuse.

Dez ladicte pierre jusques à une autre borne plantée en un lieu dict Johanns Acker, la portée d'une harquebuse.

Dez ladicte borne jusques au-dessus du ruisseau qui descend de Nunhoven, et depuis ledict ruisseau jusques à une aultre borne estant en un prey, sur le chemin qui va à Dambach, deux traictz de harquebuse.

Depuis ladicte borne, contremontant droit à une aultre pierre borne plantée au dessoubs d'un rocher dict der Grysstain, et depuis ladicte pierre jusques au rocher de Grysstain, une demye heure de chemin.

Depuis ledict Grysstain jusques à la fontaine dicte der Finsterborn, un quart d'heure de chemin.

Dez ladicte fontaine, droict montant entre le Weygerssberg et le Mandelberg, jusques à une mare ou pfül, un quart d'heure.

Depuis ladicte mare, descendant droit au petit ruisseau dict das Streitbachel, un quart d'heure.

Depuis ledict Streitbachel, descendant sur le Monbach, montant jusques à une pierre borne au-dessus d'un petit estang, une demye heure.

Dez ladicte pierre, droit amont parmy la mare jusques sur le chemin, la portée d'une harquebuse.

Depuis ledict chemin, en montant jusques à la Wolffsgrub, la portée d'une harquebuse.

Depuis ladicte Wolffsgrub amont, droit à Rotenberg, un quart d'heure.

Depuis ledict Rotenberg, et tout au travers d'iceluy, jusques à la Wütz ou lavoir, soubz ung petit vieil chasteau ruiné, appellé Rotenberg, une demye heure de chemin.

Dez ladicte Wütz, droit oultre un petit vallon, jusques à une petite colline appellée dir Rossbuhel, ung quart d'heure.

Dudict Rossbuhel, droit oultre, jusques à un pfül ou mare estant au pied d'une montagne dicte der Stainigberg, un quart d'heure.

Depuis ledict pfül, droit amont, jusques aux rochers proches de la montagne dicte der Kachel, et delà au ruisseau de Dieffenfurth, distant d'une demye heure de chemin, la portée d'une harquebuse.

Et depuis lesdictz rochers noirs, droit par toute ladicte montagne de Kachel, et de là au ruisseau de Dieffenfurth, distant d'une bonne demye heure de chemin.

Qui est la fin et endroit où la présente description et circuit a prins son commencement.

Nota que les bois de ladicte seigneurie de Biche sont la pluspart de trois lieues de diamètre.

Chasteaux et maisons fortes appartenans à Vostre Altesse audict comté de Biche.

Le chasteau dudict Biche est sis sur une montagne médiocrement haulte et de cinq cens pas ou environ de longueur, faisant poincte sur la ville de Kaltenhausen[1]. Il est fort logeable, et n'y manequent les beaux poilles, chambres, salles et logis pour les domestiques, que tiennent présentement les soldatz de la garnison d'illecques. L'arsenal y est fort bien accommodé; il y a aussy la commodité d'un beau puis, l'eau duquel est tirée par deux asnes, au moyen d'une roue ou engin.

En la descente dudict chasteau, entre iceluy et la villette de Kaltenhausen, est une belle maison qui appartient à Vostre Altesse, en laquelle le recepveur faict sa résidence.

A une petite lieue dudict Biche est une maison de chasse, fort plaisante, construicte au milieu d'un estang à truittes. Icelle maison, appellée Motherhausen (d'un ruisseau qui y découlle, appellé die Mother), consistant en belles grandes cuysines, salles et poilles en nombre de neuf, accompagnez, pour la pluspart, de leurs chambres et cabinets. Ez environs de laquelle maison sont sept petitz estangs à truittes; vis-à-vis est bastie une fort belle chapelle, et prez d'icelle une maison où réside le concierge dudict Motherhausen, qui sert de forrestier en icelle contrée.

---

1. Le ms. original, déposé au Trésor des Chartes (voy. ci-dessus, p. 137), porte Biche, au lieu de Kaltenhausen. Kaltenhaus en était un village qui a été absorbé par la ville de Bitche.

A un quart de lieue de ladicte maison, au sommet d'une haulte montagne, et dans la forrest, est une maison ou chasteau de chasse, appellé Hochweygerssberg. Ez quatre coings du corps de logis duquel sont quatre pavillons ou tourrions, où sont quatre poilles accompagnez de leurs chambres. Il a esté basti par feu le comte Jacques, lequel s'y tenoit quelquefois, et principalement durant le rut des cerfz. La structure n'est la pluspart que de bois et terre enduict de chaulx, et se ruine de jour en jour.

Souloit aussy avoir un chasteau sur une montagne appellée Valderken, tirant dudict Biche à Veissembourg, lequel est ruiné, n'y restant que les vieilles murailles. Il y a présentement une cense appartenant à Vostre Altesse.

Pareillement au village de Rollingen restent les marques de vieilles murailles d'un chasteau, mais il n'y a aultre édifice.

Au village de Valdssbronn souloient estre des baings jadis fort fréquentez et visitez par ceulx principalement qui estoient percleus des membres; l'on a, du vivant du feu comte Jacques, laissé ruiner le puis, lequel à peu de frais se pouvoit réparer. Au fond d'iceluy se treuvent grand nombre de pierres en forme de cailloux (qui y sont ainsi naturellement), lesquelles sont aucunement noirastres et dures. Icelles, mises par l'espace d'un quart d'heure en eau tiède, deviennent molles et maniables comme cire, et rendent une odeur retirant sur celuy de poix résine. Ils les appellent par delà Bergwacher, qui est autant à dire que cire ou bitume de montagne.

Joignant ledict puis est une maison grande et haulte eslevée, appartenante à Vostre Altesse, en laquelle l'on souloit baigner, et s'y tenoit le maistre desdictz baings : l'on y voit encor les lieux où estoient les cuves à baigner. Le forrestier y réside présentement, la possède à tiltre de location et y tient taverne.

Sur une petite coline, tout contigu et joingnant ledict village, restent les tours et murailles d'un chasteau de bonne apparence, basty puis soixante ou soixante et dix ans ençà, par feu le comte Georges, frère de feu le comte Jacques dernier, lequel l'a laissé ruiner.

Paroisses dudict comté de Biche.

Audict comté sont douze paroisses, sçavoir : Schorbach, avec ses annexes de Halspelchitt, Hanweiller et la chapelle de Saincte-Catherine à Biche; Waldssborn avec ses annexes de Drulben et Bussweiller; Wolmunster avec la chapelle d'Ormessweiller; Bodweiller avec son annexe de Rumlingen; Obergailbach, Nidergailbach; Riderchingen, avec son annexe d'Albertingen; Achem, Rollingen, Rorbach, Sigerstall, avec ses chapelles et annexes de Newkirchen, Einchenberg et Leymberg; Stainbach et la chapelle de Giderkirch; desquelles dépendent plusieurs rentes en deniers, seigle, espeaultre et aveine, destinées aux fabriques et à l'entreténement des ornementz, luminaires, livres et semblables; pour desquelles tenir compte, tant en recepte qu'en dépense, y a un receveur establi. Et pour ce qu'il en fust eu faict ample et particulière déclaration en un livre ou registre qu'en fust dressé par ledict président[1], vaccant à la commission et la visitation dudict comté, n'en sera icy discouru davantage, ad cause de briefveté.

---

1. C'est le manuscrit rappelé ci-dessus, p. 161.

Pour la monnoye, mesure de grains et poids.

Le denier qu'ils appellent pfening est autant qu'une pricotte, et font valloir les quatorze un batz, qui vault un gros par deçà.

Quinze batz font le florin.

Les douze deniers, pricottes ou pfening font un schilling.

Les vingt schillings font une livre.

Et la livre dix-sept batz deux deniers.

Toutes espèces de grains se livrent par malter, à mesure comble.

Le malter tient huict fass.

Le fass trois sester ou bichetz.

Et le sester ou bichet quatre fierling.

La livre, poid de Biche, revient, poid de Troyes, à une libvre deux onces cinq treseaux douze grains.

Ainsy le poid dudict Biche se treuve plus fort que celuy de Troyes de seize libvres huict onces quatre treseaux deux tiers par cent.

A ce moyen les six centz libvres dudict Biche font sept centz livres de Troyes, moins sur le tout douze onces quatre treseaux.

—

Pour les usages et coustumes municipales des mairies et villages dudict comté de Biche.

Audict comté de Biche chacune mairie a ses usages et coustumes municipales, suivant lesquelles les mayeurs et gens de justice jugent les procès qui sont intentez par devant eux, tant civilement que criminellement; et pour ce que lesdictz usages, coustumes et façons de procéder sont amplement déclarez en un livre que ledict président, en vacant à sa commission, en dressa (lequel est au Trésor), n'en sera faict icy plus long discours, affin d'éviter prolixité.

De l'abbaye de Sturtzelborn.

Ladicte abbaye prend son nom d'une belle fontaine, assez proche, nommée Sturtzel, en la vallée dicte de Saincte-Marie ; est de l'ordre de Cisteau, fondée l'an 1143 par Symon, duc de Lorraine et seigneur de Biche, où il faisoit le plus souvent sa résidence sur son propre alloeud, domaine, fondz et ancien pied de terre, en la forrest de Wasgaw, à deux lieues dudict Biche ; après le décès duquel, Ferry de Lorraine, son filz, acheva ce qui restoit de ladicte fondation dudict feu seigneur son père. Ledict Ferry décédé, le duc Mathieu de Lorraine, son filz, ensuivant les louables vestiges de ses prédécesseurs, feist achever de tous poinctz les bastimentz, qui restoient imparfaictz, et feist don de plusieurs villages, justices, dismes et aultres revenus. Luy décédé, le duc Robert, son filz, confirma toutes lesdictes fondations. Ledict duc Simon, premier fondateur, git inhumé devant et tout proche le portal de l'église de ladicte abbaye, avec ceste épitaphe : Inclytæ memoriæ Symonis olim Lotharingiæ ducis, arma deposita, qui anno 1143, 13 cal. maij, hujus cænobii fundator, cujus anima in pace requiescat ; et les corps des aultres princes susnommez, au chœur, devant le grand autel de Saincte-Croix, avec ceste inscription taillée contre la muraille :

Hic circumfulti virtutum flore sepulti
   Sunt qui hunc conventum fundarunt monumentum.
In medio dici debet comitis Friderici
   De Bitis pridem, Lothorum dux fuit idem.

Ad dextrumque latus de columnis tumulatus
  Princeps Mathæus, alter Machabæus.
Nec virtute minor fuerat comes hic ut opinor
  Qui jacet ad lævum cum Christo vivit in ævum
Nomine Rubertus in cunctis valdè disertus.
  Dulce melos, pulset cœlos ex mente fideli,
Ut Dominus tollat facinus, det gaudia cœli[1].

Au contour de ladicte abbaye sont sept montagnes qui appoinctent contre icelle, au pied desquelles sont plusieurs estangs qui rendent leurs eaux et dégoustz par le milieu de ladicte abbaye, y faisant forme de ruisseau où l'on prend force escrevisses ; le hault chemin s'adonne parmy le cloistre ; devant la porte est bastie une hostellerie pour les passans. Les abbé et religieux ont puissance de chasser à toutes sortes de sauvagines dans les limittes et district d'icelle abbaye. Leur appartiennent les chevaulx sauvages, qui y sont en bon nombre. Lesquelles limites sont spécifiquement desclarées par deux panchartes authenthicques des ducs Ferry, filz du duc Mathieu, sieur de Biche, et Ferry quatrième du nom, où appert d'icelles limites et comme leur père et ayeul ont fondé ladicte abbaye sur leur propre domaine, terrouer, alloeud, fondz et héritages, y faisans de leurs chefz certaines aulmosnes et confirmans celles de leursdictz prédécesseurs. Les extraicts desquelles chartes sont icy rapportez et insérez en mot à mot[2].

---

1. Voy. *Journal de la Société d'Archéologie*, t. XV, p. 146.

2. Voy. D. Calmet, *Hist. de Lor.*, 1re édit., t. II, preuves, col. ccccix et dxlij.

Noms des ducz de Lorraine qui sont inhumez en ladicte abbaye de Sturtzelborn.

L'an 1143, fut fondée ladicte abbaye de Sturtzelborn par Symon IIe du nom, 47e duc de Lorraine, filz du duc Mathieu Ier; décéda en ladicte abbaye l'an 1207, et y fut inhumé devant le portail du costé du cloistre.

Ferry III, surnommé le Riche, filz dudict Symon, 48e duc de Lorraine, décéda à Nancy, l'an 1214, et fut son corps porté audict Sturtzelborn, et y est inhumé.

Thiébault Ier, filz aisné dudict Ferry III, 49e duc de Lorraine, décéda à Strasbourg, l'an 1220; son corps fut porté audict Sturtzelborn, et y est inhumé.

Depuis le décès dudict Ferry, Mathieu, son filz puisnay et frère dudict duc Thiébault, et Robert de Lorraine, seigneurs dudict Biche, augmentèrent de beaucoup le revenu de ladicte abbaye; ilz sont inhumez en la nef de l'église dudict Sturtzelborn devant le doxal.

Epitaphe ou inscription qui se void sur la sépulture dudict duc Symon, premier fondateur.

Inclytæ memoriæ Domini Symonis, olim Lotharingiæ Ducis, arma deposita, qui anno 1143, 13 cal. maii, hujus cœnobii fundator, cujus anima in pace requiescat.

En l'église de ladicte abbaye sont inhumez les seigneurs qui ensuyvent.

Anno 1504 obiit generosus comes Symon Vecker, die Symonis et Judæ, hora sexta post meridiem, Dominus in Bitis et Liechtemberg.

Anno 1532, sexto non. martii post meridiem, hora 4, obiit generosus comes Reinhardus, Dominus in Bitis et Liechtemberg.

Anno 1569, obiit generosa Margareta de Bitis.

Anno 1570, 24 martii, 4 hora post meridiem, obiit generosus comes Jacobus Bipontinus, Dominus in Bitis, Liechtemberg et Ochsenstain.

Anno 1590, 11 novembris, hora 3 ante meridiem, obiit generosa Catharina de Honstain, comitis Domini Jacobi conjux.

Au chœur de ladicte église sont inhumez les seigneurs et damoiselles cy-après nommez.

Anno 1300, 8 cal. martii, obiit domicella Susanna de Vinstingen.

Anno 1508, cal. septembris, obiit domicellus Philippus de Fleckenstain.

Domina Anna de Fleckenstain, et domicellus Joannes de Fleckenstein, non additus annus.

Au cloistre.

Anno 1363, 4 cal. april. obiit domicella Catharina de Dorlessheim.

Anno 1393, nono cal. april. obiit Nicolaus dictus Rasche.

Anno 1407, id. feb. obiit Conradus Puller, armiger de Hohemburg. Requiescat in pace.

Anno 1422, 15 cal. april, obiit Domicella Xreta de Hendt Schuchenn, collateralis Wirici, armigeri de Hohemburg.

Anno 1455, vi id. april. obiit strenuus miles Joannes de Wassenstein.

Anno 1458, non. septemb. obiit Dominus Conradus miles strenuus de Wassenstein.

Les rivières et ruisseaux qui prennent sources et ont leurs cours en et parmy la terre et seigneurie de Biche.

La rivière de Bliesse prend sa source au-dessus de Sainct-Vendelin, passe à Luitzweiller, Ottweiller, Neuwmunster et Wibersskirichen, où le ruisseau d'Osterbach, qui defflue de Dorrebachfurt, Heycheleberg, Steimbach, Belterssweiller et Oster, se vient rendre et y perd son nom; puis continue ladicte Bliesse son flux de Neunkirchen, Weillerssweiller, Ober, Mittel et Nider Spixpach, Alsstatt, Limpach, abbaye de Weillerssweiller, Eimweiller et Pierpach, où les rivières Schwolben et d'Oterspach, lesquelles passent à Hornbach et Sainct-Jean, puis se déchargent au-dessoubz de Deux-Pontz en ladicte rivière de Bliesse, laquelle, passant oultre, arrose les murailles de Bliesskastel, Wybenheim, Plickweiller, Breytfort, Wolfersen, Bliessherbitssen, Gleyrssheim, Brucken, Jeymin, Ebersingen, Hackirichen, Mandelpach, Frawbourg, Meningen, Swein, Bollechen, Kirssweiller, Wolferningen, puis entre en la Sarre devant Guemunde, et y perd son nom.

La rivière de Lauther prend source à Lautherborn, passe par l'estang de Saltborn, soubz le chasteau de Neuwthaun, Heilingenhauss, Winssternaw, Bernuenthal, Schlettpach, Buenthal, Krospergweyller, Weysembourg, Sainct-Romain, Sleytel, puis se rend dans le Rhin.

La rivière de Mother prend source soubz Weyerssperg, passe à Motherhaussen, Smalenthal, Berenthal, Milenbach, Coutzssenroth, Zentzweiller, Couppersshoven, Ontthoven, auquel endroit le ruisseau qui sort des estangs de l'abbaye de Sturtzelborn et qui passe à Monborn, près d'une borne faisant séparation des éveschez de Mayence, Strasbourg et Spire, puis passe à Wiatzhoven, où se rencontre aussy le ruisseau passant près des chasteaux de Falquenstein, Philipssbourg et Niderborn, et se rend audict Ontthoven en ladicte rivière de Mother, qui, puis après, passant oultre à Mertzweiller, vient à rencontre à un aultre ruisseau commençant à Wymerinw, soubz le chasteau de Rauschenbourg, à Ingweiller, Obermotter, Paffenhoven, Nidermotter et abbaye de Nuembourg, puis, continuant par la ville de Haguenaw, Werorweiller et Trusenhein, se descharge dans le Rhin et y perd son nom.

La rivière de Souzre prend source ès estangs de Grinspach et de Sainct-Ulrich, passe à Leempach, Liedtwertd, Morttsporn, Sourbourg, Konissbourg et Beinheim, où elle entre au Rhin.

Le ruisseau de Sultz commence à Bliestorff, Koutzerhoven, Sultz, Litersweiller, Rederen, Seltz, puis entre au Rhin.

Fin.

Le travail du président Alix, fort utile aux personnes qui savent à fond la géographie de notre pays, est, pour le plus grand nombre, au moins dans certaines parties, un document à peu près inintelligible. On y rencontre, en effet, bien peu de noms dont l'orthographe ressemble à celle qui est en usage aujourd'hui, et il en est même dont la forme s'éloigne tellement de la forme moderne, qu'ils sont entièrement méconnaissables. Cette remarque s'applique principalement à la portion allemande de la Lorraine. Ajoutons, en outre, que toutes les copies du *Dénombrement* contiennent évidemment des fautes, plus ou moins grossières ; il est même probable qu'il y en avait dans le manuscrit original, l'auteur ayant dû se servir, le plus souvent, de notes communiquées, soit mal écrites, soit inexactes.

Ces motifs nous ont fait penser qu'il était indispensable de joindre à la présente publication deux tables : l'une des formes anciennes, l'autre des noms modernes, avec un index géographique, de manière à donner à nos lecteurs une sorte de dictionnaire topographique de la Lorraine.

La première des tables[1] a un double objet : faire retrouver aisément les lieux mentionnés dans le corps de l'ouvrage, et aider les personnes qui s'occupent de recherches historiques. Seulement, pour ne pas trop la compliquer, nous n'y avons fait entrer que les formes anciennes présentant des différences assez notables avec les formes modernes[2]. Plusieurs des noms qui y figurent ont été vraisemblablement altérés, et ne représentent que de mauvaises transcriptions ; néanmoins nous n'avons pas jugé à propos de les omettre, non plus que de les rectifier d'après des textes authentiques, ce qui eût occasionné d'interminables recherches.

Nonobstant tous les soins que nous y avons apportés, la table des noms de lieux renferme CERTAINEMENT plus d'une erreur ; nous prenons soin de le dire, en provoquant les rectifications auxquelles elle peut donner matière.

---

1. Une table des formes anciennes accompagne, on le sait, les Dictionnaires topographiques des départements, publiés sous les auspices du Ministère de l'Instruction publique.

2. Les premières sont données sur notre liste par ordre alphabétique, et suivies des formes modernes, que l'on retrouvera dans la seconde table.

Un travail de ce genre est loin d'être aussi facile qu'on le suppose : les localités qui formaient les anciennes circonscriptions de la Lorraine, n'étaient pas, comme dans nos arrondissements et nos cantons actuels, groupées autour du chef-lieu et, par conséquent, aisées à retrouver, en prenant celui-ci pour point de départ. Elles avaient des enclaves, et il en dépendait des fiefs, souvent fort éloignés de ce chef-lieu ; de plus, certains villages appartenaient quelquefois à deux, voire même à trois prévôtés ; plusieurs autres, ressortissant à des circonscriptions différentes, mais voisines, portaient des dénominations analogues, tandis que, par contre, diverses dénominations, n'ayant que très-peu de ressemblance, étaient données à une même localité. Les noms propres n'avaient pas autrefois d'orthographe régulière, officielle ; ils variaient suivant la fantaisie de celui qui les écrivait, ou selon l'idiome qu'il avait coutume de parler.

Toutes ces circonstances, et d'autres que nous omettons de mentionner, rendent extrêmement difficile l'interprétation des documents géographiques d'une époque quelque peu éloignée, et l'on peut dire, sans exagération, qu'ils offrent, dans plusieurs de leurs parties, des séries d'énigmes inexplicables.

Afin d'éviter, autant que possible, les erreurs, nous avons consulté tous les ouvrages anciens ou modernes qui pouvaient nous fournir des renseignements : notamment, le *Polium* de Bugnon ; la *Description de la Lorraine et du Barrois*, par Durival ; le *Dictionnaire du département de la Moselle*, de Viville ; l'excellent *Dictionnaire topographique de l'arrondissement de Sarreguemines*, par M. Jules Thilloy ; la *Moselle administrative*, par M. Sauer[2], enfin les tableaux des distances du gouvernement de Trèves et de la Bavière rhénane[3].

1. Ces ouvrages sont indiqués, dans notre travail, par les abréviations suivantes, mises entre parenthèses :
   B. — Bugnon.
   D. — Durival.
   Th. — Thilloy.
   Viv.— Viville.

2. Nous avons également emprunté quelques notes utiles à la dernière et importante publication de M. Dumont, juge à Saint-Mihiel : *les Ruines de la Meuse*.

3. On peut voir, dans l'ouvrage de M. de Chastellux, intitulé : le *Territoire du département de la Moselle*, les noms des lieux de ce département qui ont été incorporés à la Prusse ou à la Bavière en vertu des traités qui ont changé les limites de la France du côté de ces deux pays.

Quelques explications, en terminant, sur la manière dont la table des noms de lieux a été rédigée.

L'orthographe officielle (même l'orthographe allemande) a été scrupuleusement respectée, quoiqu'elle ne soit pas toujours régulière et qu'elle présente des anomalies choquantes, pour les mêmes noms, d'un département à un autre.

Les noms des communes sont suivis de celui du canton auquel elles appartiennent ; on y a ajouté le nom du département lorsque le chef-lieu du canton n'est pas mentionné.

On a agi de la même façon à l'égard des hameaux, écarts, etc., c'est-à-dire que l'on s'est borné à indiquer la commune dont ils dépendent, quand le nom de celle-ci figure sur la table ; au cas contraire, on a fait connaitre le canton auquel cette dernière appartient. Lorsque des hameaux, écarts, etc., ont été autrefois des établissements religieux, on l'a signalé entre parenthèses.

Les anciens noms de lieux dont on n'a pu trouver les correspondants modernes, sont imprimés en lettres italiques, à leur ordre alphabétique.

Enfin, pour ne point assigner une place spéciale aux *errata*, qui ne se lisent généralement guère, on a mis en note, à l'article des localités qu'elles concernent, les rectifications qu'il a été jugé utile de faire.

LISTE DES ABRÉVIATIONS EMPLOYÉES DANS LA TABLE DES NOMS DE LIEUX.

Arr. — Arrondissement.
Bav. — Bavière rhénane.
Chap. — Chapelle.
Chât. — Château.
Ch.-l. — Chef-lieu.
Com. — Commune.
Pr. — Prusse.
Us. — Usine.
Vil. — Village.

TABLE

DES FORMES ANCIENNES.

A

Abbertingen. Olberding.
Abiey. Aubiey.
Aboncourt. Abaucourt.
Ajoncourt. Agémont.
Albrich. Aoury.
Allamesnil. Laménil.
Alstorff-lez-Leymingen. Altroff.
Althann. Althorn.
Altorff. Sarraltroff.
Altroff. Niedaltdorf.
Altzweiller. Alsweiler.
Amanges. Insming.
Anseldingen. Anzeling.
Anselnigen et Auselingen. Alzing.
Arenzey. Sinzey.
Arrée. Arry.
Aspach. Aschbach.
Attigny-la-Tour. Autigny-la-Tour.
Aulbe. Sarralbe.
Averoncourt. Avricourt.

B

Bainville. Boinville.
Bandemesnil. Badménil.
Banschborn. Boucheporn.
Barsaucourt. Bassaucourt.
Battigny-Saint-Brice. Bettegney-Saint-Brice.
Bausstorff. Boustroff.
Baymont. Bamont.
Bechteldingen. Bliderding (?).
Bedweiller. Bettwiller.
Belsstroff. Bettlainville.
Beningen. Bining-lès-Rohrbach.
Berkingen. Beckingen.
Bertingen. Bettring.
Bessingen. Bassing.
Bettingen. Bettange.
Binerssheim. Bibiche.
Bingen. Bübingen.
Bisserstorff. Büschdorf.
Blamerey. Blémerey.
Bolchen. Boulay.
Bonnée (ou Bouvée). Bovée.
Bonnieulles. Boviolles.
Breire. Prelle (la).
Brettingen. Bethingen.
Brondorff. Grindorff.
Bruck. Marienflosse.
Bubingen. Behing.
Bublingen. Bibling.
Bublingen. Piblange.

Buchingen. Bockange.
Buderstorff. Bidestroff.
Budingen. Budange.
Bullegoutte. Bellegoutte.
Bursingen et Busingen. Bising.
Buss. Bousse.
Bussndorff. Bouzonville.
Butzen. Biezen.

C

Chamontaruz. Xamontarupt.
Chamoysy. Chaumouzey.
Chastillon. Claudon.
Chawry. Cheuvry.
Chonne. Coume.
Clairegoutte. Chaine-Goutte.
Clemey. Chémery.
Colruz. Courrupt.
Combelgoutte. Combelle (la).
Conchen. Condé.
Condé. Custines.
Coste (la). Sur-la-Côte.
Cuelle. Ecuelle.

D

Dieterfingen. Diderfing.
Dolfingen. Dolving.
Dollainville. Ollainville.
Domenheim. Domnom.
Dommart-aux-Bois. Damas-aux-Bois.
Dommart-devant-Dompaire. Damas-et-Bettegney.
Donnenoul. Deuxnouds.
Dorssweiller. Torcheville.
Drachenach. Drogny.
Dreyborn. Tromborn.
Drulben. Trulben.
Druttlingen. Tritteling.
Dublingen. Diebling.
Dudingen. Diding.
Dullingen. Dillingen.
Dun-au-Saulnoir. Dain.
Durchdalhaim. Dourd'hal.
Durikastel. Château-Voué.
Dutlingen. Dittelingen.
Dynviller. Deinvillers.

E

Eberssingen. Bliesebersing.
Ebersingen. Val-Ebersing.
Ebersweiller. Petit-Ebersviller.
Edelnigen (ou Edelingen). Edling.
Edlingen. Adelange.
Effendorff. Evendorff.
Eidlingen. Aidling.
Einville. Euville.
Einweiller, Enweiller. Immweiler (?).
Ellwingen. Elvange.
Embescourt. Ambacourt.
Emmy-Mandray. Mi-Mandray.
Englingen. Ingling.
Enrecourt (ou Eurecourt). Urcourt.
Enssens-la-Ville. Cens-la-Ville.
Ensweiller. Einchwiller.
Eppingen. Epange.
Eschen. Achain.
Esft. Oeft.
Esserstorff. Assenoncourt.

Essey-en-Voivre. Essey-et-Maizerais.
Estat (l'). Lette.
Exweiller. Thalecksweiler.
Eychen. Eich.

F

Falkemburg. Faulquemont.
Felstroff et Felstorff. Filstroff.
Feringen. Férange.
Fleurey. Flirey.
Forweiller. Alt et Neu-Forweiler.
Foulz (les). Fouies (les).
Fraisne-la-Petite. Frenelle-la-Petite.
Frayemont et Fraymont. Fayemont et Faymont.
Fressberg. Felsberg.
Frichingen. Freching.
Froschen. Thalfröschen.
Frudessweiller. Friedrischweiler.
Frymestroff. Fremmesdorf.
Fuchten. Fitten.
Fuckingen. Fickingen.

G

Gaderschewren. Godchure.
Gardelmont. Hardémont.
Gedesweiller et Godesweiller. Gehweiler (?).
Gellaucourt. Gélacourt.
Gelmingen. Gommelange.
Gemweiller et Gengweiller. Guenwiller.
Genglingen. Guinglange.

Gerbeuville. Spada.
Gerlingen. Guirlange.
Geroltingen. Guerlefang.
Gersekirch et Gevelize. Juvelise.
Gersslingen et Gursingen. Guerstling.
Gersweiller. Bliesguerschwiller.
Gertingen. Guerting.
Gesonville. Jésonville.
Gessingen. Guisingen.
Gimersstorff. Guénestroff.
Gimesnil. Guménil.
Girecourt. Circourt.
Gisainville. Jezainville.
Gessingen. Guisingen.
Gisoncourt. Jezoncourt.
Gissingen. Guising.
Golsfingen. Gongelfang.
Gonbaulx. Gonvaux.
Gonderingen. Zondrange.
Goutte de Bouray. Bouras.
Granges (les). Neuves-Granges (les).
Greppen. Kröppen.
Griffhambach. Gresaubach.
Grumingen. Grening.
Guemunde. Sarreguemines.

H

Hadon. Hadol.
Hadonviller. Croismare.
Haintzelhoven. Henselhofen.
Halaruz. Habaurupt.
Hamen. Ham-sous-Varsberg.
Hancourt. Hincourt.
Harymesnil. Hériménil.

Has. Lamarche-en-Woëvre.
Hatonville. Haudonville.
Hauweiller. Hanwiller.
Hellingen. Hœlling.
Hemchingen (ou Heinchingen). Hinckange.
Hempuchel. Kemplich.
Henweiller. Hahnweiler.
Herbrich. Harprich.
Hermamont. Derbamont.
Hermingen. Héming.
Heylingenner. Hellimer.
Hignéville. Hagnéville.
Hochweygerssburg. Hohe-Weyersberg.
Hoddweiller. Hottwiller.
Holbingen. Holving.
Honchamps. Longchamp.
Honweiller. Hahnweiler.
Houaville. Jouaville.
Hultzweiller. Hölzweiler.
Humbatemps. Humbertois
Huningen. Heining.
Hunradt. Honzrath.
Huntzingen. Hinzing.
Huppelborn. Eppelborn.
Huprechtzweiller. Urexweiler.
Huspelschidt. Haspelschidt.
Hymersstorff. Eimersdorf.
Hyrelbach. Hirbach.
Hyrmestroff. Gross-Hemmersdorf.

I

Ingsingen. Ising.
June (ou Inne). Ihn.
Ivou. Ivoux.

J

Jainviller. Zainviller.
Jairey. Jury.
Jevaincourt. Juvaincourt.
Joyey. Jouy-sous-les-Côtes.
Juvoncourt. Jevoncourt.
Juxey et Joxey. Jorxey.
Juxey. Jussy.

K

Kallenhaussen. Kalhausen.
Kappeln. Cappel.
Kastel. Castel.
Kedingen. Kédange.
Ketternostern. Oberkirchen.
Kiperg. Kerprich-aux-Bois
Kirbach. Kerbach.
Kirberg. Kerprich-lès-Dieuze.
Kirburg et Krispeig. Kerperich-Hemmersdorf.
Klain-Rosseln. Petite-Rosselle.
Klingen. Klang.
Kordenburn. Cadenbronn.
Kostenbach. Costenbach.
Kutssingen. Kitzing.
Kuttingen. Cutting.

L

La Beufville. Lebeuville.
La May et Lamay. Lamath
Landingen. Laning.
Lanthrum. Loutremange.
Larrin. Lerrain.
Lauderfingen. Landrefang.
Lauthern. Fraulautern.

Layes. Leyr.
Lebecourt. Lubécourt.
Leinbach. Lambach.
Lendorff. Landroff.
Lengissheim. Lengelsheim.
Lesiol et Lessol. Lejols.
Les Royes. Eloyes.
Leucken. Ober-Leuken.
Le Val. Evaux-et-Ménil.
Leuveline. Laveline.
Leymingen. Léning.
Limbach. Lambach.
Linderchin. Lidrequin.
Lohemberg. Lemberg.
Lonstorff. Launstroff.
Longeau. Longor.
Lucy. Lucey.
Ludenschidt. Liederscheidt
Luderfingen. Loudrefing.
Lumersfeld. Laumesfeld.
Lungenfedt. Longeville.
Luppertzhaussen. Loupershausen.
Luxingen. Lixing-lès-Rouhling.

M

Machern, aliàs Maizières. Macker.
Macymont. Mariémont.
Mahuere. Manheulles.
Mallonville. Moutrot.
Malomesnil. Méloménil.
Mamendorff. Mondorf.
Mançoy. Nançois-le-Grand.
Manweiller. Mainvillers.
Marchainville. Maxéville.
Marches. Maixe.
Marxey. Mexet.
Mechairons. Monthairons (les).

Megineville. Mignéville.
Mehingen aliàs Mengen. Mégange.
Mellerey (ou Mellecey). Mulcey.
Mellick. Malling.
Memmingen. Menningen.
Meringen. Marange-Zondrange.
Mermsin (ou Mervisin). Marvoisin.
Merpingen. Marpingen.
Mervaulz. Murvaux.
Mexille. Mereille.
Milleronfain. Mailleronfaing.
Miltzingen. Mulcey.
Mittelwrillembach. Mittel-Bolembach.
Moironcourt. Maroncourt.
Mondler. Monneren.
Mons. Mont-devant-Sassey.
Montagne (la). Saint-Privat-la-Montagne.
Morchern. Mechern.
Morchingen. Merchingen.
Morchingen. Morhange.
Moreville. Moriville.
Morsperg. Marimont.
Morten. Merten.
Morville. Lamorville.
Mutzingen. Metzing.

N

Nailleviller. Neyvillers.
Nedingen et Nottingen. Nitting.
Neuflotte. Laneuvelotte.
Neufville-lez-Grand-Fontaine. Neuveville (la).
Neumont. Naimont.

Neuscheuren. Neufgrange.
Nidbrucken. Pontigny.
Nidercontz. Kontz-Basse.
Niderperl. Perl.
Niderheim, aliàs Magny. Many.
Nider-Steinbach. Steinbach.
Nippel. Neipel.
Nodlingen. Neudlange.
Nolbach. Nalbach.
Nollingen. Nelling.
Nonepaire. Norbépaire.
Nussweiller. Noussewiller-lès-Puttelange.

O

Obercontz. Kontz-Haute.
Oberfüllen. Vigneulles-Haute.
Oblingen. Eblange.
Offracourt. Affracourt.
Ohéville. Hoëville.
Orchingen. Erching.
Ottendorff. Ottonville.
Ottingen. Œting.

P

Pargée (la) et Payne (la). Pariée (la).
Pebingen. Pévange.
Petit-Sainct-Jean (le). Saint-Jean-Pierrefort.
Pfneningen. Freyming.
Pfumersens. Pirmasens.
Pilliers (les). Pellière (la).
Pont de Nied. Pontigny.
Poucherie (la). Pêcherie (la).
Prey (le). Pré-Derrière.

Publingen. Piblange.
Pugney. Pulney.
Putlingen. Bettling.

R

Ramelenges. Remelange.
Ranaycoste. Vraie-Côte.
Raon. Maisons-de-Raon.
Rausspach (ou Ransspach). Bliesransbach.
Receu. Rouceux.
Reckranges. Racrange.
Redigny. Mardigny (?).
Reich. Riche.
Reichlingen. Richeling.
Reloville. Lérouville.
Remecourt. Ramecourt.
Remelfangen. Rammelfangen.
Renionville. Remoiville.
Renonamey (ou Renouamey). Royaumeix.
Retingen. Rinting.
Reygersweiller. Reyerswiller.
Riderchingen. Gros-Réderching.
Riderchingen. Petit-Réderching.
Rimeringen et Rymeringen Rémering.
Rochern (pour Kochern). Cocheren.
Rochlingen. Ruchlingen.
Rodendorff. Château-Rouge.
Rodingen. Rudling.
Romecourt. Ramecourt et Remicourt.
Rougesson. Rochesson.
Rouveroy. Bouvroy.

Rouvière (la). Louvière (la).
Royes. Voy. Les Royes.
Rugny. Regney.
Rumelſingen. Rémelſang.
Rumelſingen. Rémelſing.
Rumelingen. Rimling.
Rumelingen. Rémeling.
Rupplingen. Ripplingen.
Rupplingen. Roupeldange.
Rutzingen. Ritzing.

S

Saincte-Raphine. Sainte-Ruffine.
Sainct-Vaubert. Thomas.
Sainct-Joure. Saint-Jure.
Sanbueſmont. Beaumont.
Sar-Enssingen. Sarreinsming.
Scheuren. Altscheuren.
Schomberg. Chémery.
Selle. Celles.
Semanges, aliàs Symingen. Zommange.
Senevois. Xennois.
Senghauss. Seingbousse.
Serbelingen. Zarbeling.
Serceur. Cercueil.
Serou. Barbay-Seroux.
Sertilleux. Certilleux.
Seuxey. Sanchey.
Sirecourt. Circourt.
Sivery. Xivray.
Speicher. Spickeren.
Steimbach. Obersteinbach.
Steinbiderstorff. Pontpierre
Sultzweiler. Sotzweiler.
Sye (la). Scie-Brabant (la).
Sylmingen. Silvingen.

Sympten. Niedersimten.
Syndorff. Sehndorf.

T

Techemphul. Tarquimpol.
Tenchen. Etangs (les).
Tentschen-la-Petite. Petit-Tenquin.
Teutschen. Tensch.
Timstorff. Tünsdorf.
Toullot. Tholoy.
Tourey. Thorey.
Treixe (la). Trouche (la).
Trouville. Thonville.
Tuttingen. Titting.

U

Udensirck. Sierck-Haute.
Udern. Oudren.

V

Vairemont (ou Vacremont). Vaucremont.
Val. Voy. Le Val.
Vandelainville. Vandeléville.
Vannemont. Voinémont.
Vapillière (la). Verpellière (la).
Vardenay. Verdenal.
Vaul (le). Laval.
Velacourt. Villacourt.
Venchères. Vauchères.
Vihuviller. Jolivet.
Ville prez Mousson. Ville-au-Val.
Villotte. Velotte.
Voël. Woël.
Volnoy (la). Launois.

Vor Ebersveiller. Farébersviller

W

Walderfanges. Wallerfangen.
Walen. Vahl.
Wallen. Vahl-lès-Faulquemont.
Walmen. Walmont.
Walsimer. Walsheim.
Wargaville. Vergaville.
Weibelsskirchen. Varize.
Weiblingen et Weyllingen. Velving.
Weiller. Viller.
Wellingen. Villing.
Welzelm. Winzela.
Werberingen. Veckring.
Weyllingen. Villing (Boulay).
Widerstorff. Ittersdorf.
Widerstorff. Vergaville.
Willer. Viller.
Willingen. Villing (Bouzonville).
Wirmanges. Virming.
Wiss. Vuisse.
Wistorff. Gaweistroff.
Wistorff. Valdweistroff.
Witten. Weiten.
Wittringen. Vintrange.
Wolflingen. Vœlfling.
Wolmeringen. Volmerange.
Wuchern. Wochern.
Wulffingen, aliàs Wellingen. Villing (Boulay).

X

Xesmes. Xammes.
Xousses. Suisse.

Z

Zumrech. Rech (Sarralbe).
Xumspital. L'hôpital.
Zuringen. Zeurange.
Zurlinden. Linden.

TABLE

DES NOMS DE LIEUX.

A

Abaucourt, canton de Nomeny (Meurthe), 511.
Aboncourt, canton de Colombey, 1789.
Aboncourt-sur-Seille, canton de Château-Salins, 473.
Ableuvenettes (les), canton de Dompaire, 1014, 45.
Achain, canton de Château-Salins, 1705.
Achen, canton de Rohrbach, 2186.
Adelange, canton de Faulquemont, 1719.
Adoménil, ferme et chât., com. de Rehainviller, 242.
Adompt, ham., com. de Gelvécourt, 1050.
Adoncourt, ham., com. de Dommartin-aux-Bois, 1025, 63.
Affléville, canton de Conflans (Moselle), 1950.
Affracourt, canton d'Haroué, 71.
Agémont[1], ham., com. de Dommartin-aux-Bois, 1029.
Agincourt, canton de Nancy-Est, 464.
Agneuménil, ham., com. d'Arches, 687.
Ahéville, canton de Dompaire, 956.
Aidling, vil., com. de Bouzonville, 1695.

---

1. Augémont, Augemont ou Ajomont, ban de Girancourt (B.). On a sans doute écrit Ajoncourt pour Ajomont.

Aillanville, canton de Saint-Blin (Haute-Marne), 1436, 56.

Aingeray, canton de Toul-Nord, 565.

Aix, canton de Conflans (Moselle), 1953.

Ajoncourt, canton de Delme (Meurthe), 490.

Alaincourt-la-Côte, canton de Delme, 496.

Algoutte, ham., com. de Laveline, 500.

Allain, canton de Colombey, 560.

Allamont, canton de Conflans (Moselle), 1928, 51.

Allemand-Rombach (l'), canton de Sainte-Marie-aux-Mines, 2150.

Alsting, canton de Forbach, 1729.

Alsweiler, canton de Saint-Wendel (Pr.), 1480, 1522, 41.

Alt et Neu-Forweiler (le Vieux et le Nouveau-Forweiler), vil., com. de Berus, 1684.

Altheim, canton d'Hornbach (Bav.), 2177.

Althorn[1], canton de Bitche, 2224.

Altrippe, canton de Grostenquin, 1639.

Altroff, canton d'Albestroff (Meurthe), 1645.

Altscheuern[2], vil., com. d'Ammeldingen, canton de Bitburg (Pr.), 1307.

Altwiller, canton de Saint-Avold, 2265.

Alzing, canton de Bouzonville, 1269, 1555[1].

Amance, canton de Nancy-Est, 454, 2298.

Ambacourt, canton de Mirecourt, 911, 921.

---

1. Althehorn, cense, près de celle de Ketzbrich (B.). — Althoron, autrefois village, à présent cense, où il y a des mines, près de Mouterhausen (D.). — Ce village a des mines de fer, et n'était qu'une ferme en 1775 ; il doit son existence aux forges de Mouterhausen (Viv.).

2. Indiqué par Bugnon dans le bailliage de Bouzonville, qui comprenait, au siècle dernier, beaucoup de localités de l'ancienne prévôté de Sierck.

Amelécourt, canton de Château-Salins, 458.
Amenoncourt, canton de Blâmont, 2060, 80.
Amerey, ham., com. de Xertigny, 859.
Amias (les), ham., com. de Saulxures, 758, 824.
Ancy-sur-Moselle, canton de Gorze (Moselle), 1933.
Andilly, canton de Domévre-en-Haye (Meurthe), 1934.
Angviller, canton de Fénétrange (Meurthe), 1592.
Anould, canton de Fraize, 281.
Anoux, canton de Briey (Moselle), 1935.
Anozel, ham., com. de Sauley, 408.
Anthelupt, canton de Lunéville-Nord, 51.
Anzeling, canton de Bouzonville, 1915.
Aoury[1], vil., com. de Chanville, canton de Pange, 508.
Aouze, canton de Châtenois, 1142.
Apach, canton de Sierck, 1252.
Apremont, canton de Saint-Mihiel (Meuse), 1918, 2452.
Aray (le ban d'), ban de Moyenmoutier, 354.
Arches, canton d'Epinal, 681, 682, 2311.
Archettes, canton d'Epinal, 685, 1864.
Armaucourt, canton de Nomeny (Meurthe), 497.
Arnaville, canton de Thiaucourt (Meurthe), 524.
Arracourt, canton de Vic (Meurthe), 222.
Arraye-et-Han, canton de Nomeny (Meurthe), 500.
Arry, canton de Gorze (Moselle), 1936.
Art-sur-Meurthe, canton de Saint-Nicolas, 5.
Aschbach et Henselhofen, vil., com. d'Eppelborn, canton d'Ottweiler (Pr.), 1479, 1935.

---

1. Ce village, avec ceux de Stoncourt, Villers-Stoncourt et Vaucremont, composait ce que l'on appelait le ban Saint-Pierre; mais les autres localités que le président Alix mentionne à la suite de celles-ci, ne pouvaient pas y être comprises.

Assenoncourt, canton de Réchicourt-le-Château (Meurthe), 1593.

Athienville, canton de Vic (Meurthe), 254, 267.

Attignéville, canton de Neufchâteau, 119.

Attigny, canton de Darney, 1065, 96.

Aubiey, ferme (prieuré), com. de Nomexy, 1819, 2445.

Aubripaire, ham., com. de Sauley, 409, 455.

Auersmarcher, vil., com. de Kleinblittersdorf, 1570.

Aulnes (les) ham., com. de Fraize, 444.

Aulnois-sous-Vertuzey, canton de Commercy, 1957.

Aumontzey, canton de Corcieux, 605.

Aussen, vil., com. de Bettingen, canton de Saarlouis (Pr.), 1494, 1529.

Autigny-la-Tour, canton de Coussey, 118.

Autrepierre, canton de Blâmont, 2059.

Autreville, canton de Pont-à-Mousson (Meurthe), 521.

Autrey, canton de Vézelise, 1774.

Autrey, canton de Rambervillers (Vosges), 2389.

Autrive, ham., com. de Saint-Amé, 720.

Auzainvilliers, canton de Bulgnéville, 1154, 57, 99.

Avant-garde (l'), écart (chât.), com. de Pompey, 87.

Avillers, canton de Charmes, 950.

Avillers, canton de Fresnes-en-Voëvre (Meuse), 1909.

Avrainville, canton de Domèvre-en-Haye (Meurthe), 92.

Avrainville, canton de Charmes, 1843.

Avricourt, canton de Réchicourt-le-Château (Meurthe), 2086.

Aydoiles, canton de Bruyères, 590, 636, 640.

Azelot, canton de Saint-Nicolas, 50.

Azerailles, canton de Baccarat (Meurthe), 268, 2091.

B

Bachem, vil., com. de Losheim, canton de Merzig, 1466.

Badménil, canton de Baccarat (Meurthe), 270.

Badménil-aux-Bois, canton de Châtel, 1855.

Baffe (la[1]), canton d'Epinal, 1862.

Bagneux, canton de Colombey, 550, 558.

Bains, ch.-l. de canton, arr. Epinal, 811, 831.

Bainville, canton de Dompaire, 984, 1001.

Bainville-aux-Miroirs, canton d'Haroué, 1853, 2456.

Baldringen, ham., com. de Zerf, canton de Saarburg (Pr.), 1459.

Ballering, ham., com. de Holving, 1655.

Ballern, vil., com. de Hilbringen, canton de Merzig, 1448.

Balléville, canton de Châtenois, 1160, 76.

Bambiderstroff, canton de Faulquemont, 1573.

Bamont, ham., com. de Saulxures, 822, 845.

Ban Bourgon[2], fief du bailliage d'Apremont, 1940.

Ban de Chastel, fief du bailliage d'Apremont, 1955.

Ban de Laistre, fief du bailliage d'Apremont, 1941.

Ban de la Rivière, nom donné à un territoire particulier, qui comprenait les villages d'Hablainville, Buriville, Réclonville, Vaxainville, Pettonville et Fréménil, cantons de Baccarat et de Blâmont, 2098.

Ban de la Reine[3], fief du bailliage d'Apremont, 1942.

---

1. Le ms. rte la Basse ; c'est très-vraisemblablement une faute de copie.

2. Banbeurson, dans les *Ruines de la Meuse*, par M. Dumont (t. III. p. 145), sans autre indication.

3. Il y a, sur le ban de Royaumeix, la forêt et l'étang la Reine.

Ban de Vezin[1], fief du bailliage d'Apremont, 1944.

Bannoncourt, canton de Pierrefitte (Meuse), 1901.

Ban Saint-Pierre. Voy. Aoury.

Ban Saint-Pierre, fief du bailliage d'Apremont, 1954.

Ban Saint-Symphorien, fief du bailliage d'Apremont, 1943.

Banvoye (la), ham., com. du Val-d'Ajol, 786.

Barbas, canton de Blâmont, 2058.

Barbay-Seroux, canton de Corcieux, 666.

Barbonville, canton de Bayon, 466.

Barville, canton de Neufchâteau, 1187.

Bassaucourt, canton de Vigneulles, 1899.

Basse-Mandray (la), ham., com. de Mandray, 558.

Bassing, canton de Dieuze, 1602, 26.

Bathelémont, ham. et chât., com. de Saint-Médard, 1605.

Bathelémont-lès-Bauzemont, canton de Vic (Meurthe), 218.

Battelieule (la), ham., com. du Val-d'Ajol, 782.

Battexey, canton de Charmes, 1813, 42.

Battigny, canton de Colombey, 1745.

Baudricourt, canton de Mirecourt, 957.

Bauzemont, canton de Lunéville-Nord, 223.

Bayecourt, canton de Châtel, 628, 653.

Bayon, ch.-l. de canton, arr. Lunéville, 465, 2304.

Bayonville, canton de Thiaucourt (Meurthe), 544, 1945.

Bazegney, canton de Dompaire, 955, 1055.

Bazoilles-et-Ménil, canton de Vittel, 902, 916, 940.

Beaulieu, ferme (prieuré), com. de Marainviller, 250, 2439.

Beaumont, canton de Domèvre (Meurthe), 2057.

---

1. Ban de Vezin-en-Vaul (*Ruines de la Meuse*, ibid.).

Beaupré, ferme (abbaye), com. de Moncel-lès-Lunéville, 245, 2381.

Beckingen, vil. (commanderie), com. de Haustadt, canton de Merzig, 1430, 2485.

Bechteldingen, de l'office de Schambourg[1], 1496.

Bedersdorf, vil., com. d'Ittersdorf, 1686.

Begnécourt, canton de Dompaire, 1046.

Behren, vil., com. de Kersbach, 1737.

Belchamp, ham. (abbaye), com. de Méhoncourt, 246, 2385.

Bellefontaine, canton de Plombières, 709-715.

Bellegoutte, vil., com. de Corcieux, 616.

Belleville, canton de Pont-à-Mousson (Meurthe), 93.

Belmont, canton de Brouvelieures, 664.

Belmont, canton de Monthureux-sur-Saône, 1109.

Belmont-sur-Vair, canton de Bulgnéville, 1132, 71.

Belrepaire, ham., com. de Fraize, 442.

Belrupt, ham. (verrerie), com. d'Hennezel, 1079.

Belrupt, canton de Darney, 1098, 1113.

Belval, ham. (prieuré), com. de Portieux, 1818, 2447.

Bénaménil, canton de Lunéville-Sud-est, 251.

Bénifosse, ham., com. de Mandray, 359.

Benney, canton d'Haroué, 47.

Berg[2] mit Schloss, ham., com. de Nennig, 1321.

Bertrameix, canton d'Audun-le-Roman (Moselle), 1946.

Bertrimoutier, canton de Saint-Dié, 374.

Berus, canton de Saarlouis (Pr.) 1672, 2356.

---

1. Peut-être Bliederdingen ou Pleiderdin de Bugnon; Bliderding et Bliderdingen de Durival, communauté de Weyersbach (?).

2. Berg ou Bergch, ancien château sur une montagne, paroisse de Nenning. Il a été cédé, en 1769, à l'impératrice-reine (D.). — Le mot allemand *schloss* veut dire château.

Berweiller, canton de Bouzonville, 1675.

Besseringen, canton de Merzig, 1426.

Bethingen, vil., com. d'Orscholz, canton de Saarburg (Pr.), 1538.

Bettange, canton de Boulay, 1677.

Bettegney, ham., com. de Damas-et-Bettegney, 974, 1015.

Bettegney-Saint-Brice, canton de Dompaire, 881, 889.

Bettingen ou Betting[1], de la mairie de Schumelingen[2] (B.), 1457.

Bettingen, canton de Saarlouis (Pr.), 1493, 1528.

Bettlainville, canton de Metzerwisse, 1354.

Bettling, écart (vil. détr.), com. de Bühl, 2108.

Bettoncourt, canton de Charmes, 910, 954.

Bettring, ham., com. de Holving, 1656.

Bettwiller, canton de Rohrbach, 2165.

Beulay, canton de Saint-Dié, 418.

Beuren, vil., com. de Sinz, canton de Saarburg (Pr.), 1522.

Bibiche, canton de Bouzonville, 1271.

Bibling, vil., com. de Merten, 1697, 1702.

Bidestroff, canton de Dieuze, 1621.

Biécourt, canton de Mirecourt, 1125.

Bienville-la-Petite, canton de Lunéville-Nord, 212, 235.

Biezen[3], vil., com. de Merzig, 1454, 62.

Bifontaine, canton de Brouvelieures, 621, 651.

---

1. Betting, de la basse mairie de Sargau, à une lieue et demie de Merzig (D.). — La carte du département de la Moselle (1790) indique un village de Betting au sud-ouest de Schwemmlingen.

2. Aujourd'hui Schwemmlingen.

3. Paraît bien correspondre à Butzen, qui aurait dépendu en même temps de Sierck et de Merzig (?).

Billy-sous-les-Côtes, canton de Vigneulles, 1893.
Bining-lès-Rohrbach, canton de Rohrbach, 2178.
Bioncourt, canton de Château-Salins, 489.
Biringen (Buren), vil., com. d'Oberesch, 1221, 48.
Bising, vil., com. de Grindorff, canton de Sierck, 1212, 40.
Bisping, canton de Fénétrange (Meurthe), 1599.
Bisten, vil., com. d'Ueberhern, canton de Saarlouis (Pr.), 1685.
Bisten-im-Loch, canton de Boulay, 2272.
Bitche, ch.-l. de canton, arr. Sarguemines, 2140, 2550.
Blainville-sur-l'Eau, canton de Bayon, 151, 171, 259.
Blâmont, ch.-l. de canton, arr. Lunéville, 2054, 2525, 66.
Blanche-Eglise, canton de Dieuze, 1598.
Blanzey, ham. (prieuré), com. de Bouxières-aux-Chênes, 465, 2430.
Blémerey, canton de Mirecourt, 1054, 1792.
Blémerey, canton de Blâmont, 2065.
Blénod-lès-Pont-à-Mousson, canton de Pont-à-Mousson (Meurthe), 94, 1947.
Bleysspach, châtellenie de Schambourg[1], 1549.
Bliesebersing, canton de Sarreguemines, 1575, 75.
Bliesen, vil., com. d'Alsweiler, 1484, 1521.
Bliesguerschwiller, canton de Sarreguemines, 1580.
.ransbach, vil., com. de Bischmisheim, canton de Saarbrücken (Pr.), 1578.
Bockange, vil., com. de Piblange[2], 1259, 82, 1389.
Böckweiler (?), canton d'Hornbach (Bav.), 2175.
Bocquegney, canton de Dompaire, 1012, 18, 57.
Boinville, canton d'Etain (Meuse), 1948.

---

1. Bliesbach, de la paroisse d'Oberkirich (B.). — Pleisbach, cense de la communauté d'Oberbirich (D.). — (Voy. Oberkirchen.)

2. Dépendait de Sierck et de Boulay.

Bonfays, ham. (abbaye), com. de Legéville-et-Bonfays, 1005.

Boncourt, canton de Commercy, 547.

Boncourt[1], canton de Conflans (Moselle), 1922, 58.

Bonfays, ham. (abbaye), com. de Legéville-et-Bonfays, 2412, 2591.

Bonipaire, canton de Saint-Dié, 278.

Bonneval, ferme (prieuré), com. d'Hénaménil, 214, 2461.

Bonviller, canton de Lunéville-Nord, 207.

Bonvillet, canton de Darney, 1066, 97.

Borville, canton de Bayon, 152.

Bosserville, ham. et chartreuse, com. d'Art-sur-Meurthe, 48.

Bouchatel, ham., com. du Val-d'Ajol, 802.

Boucheporn, canton de Boulay, 2275.

Bouillonville, canton de Thiaucourt (Meurthe), 1959.

Boulaincourt, canton de Mirecourt, 1771, 82, 2449.

Boulay (le), canton de Bruyères, 680.

Boulay, ch.-l. de canton, arr. Metz, 1348, 2552.

Bouras, ham., com. du Ban-de-Sapt, canton de Senones, 396.

Bourgesch, chât. et ferme, com. de Schwerdorff, 1520.

Bourgonce (la), canton de Saint-Dié, 340.

Bousse, canton de Metzerwisse, 2252.

Bousseviller, canton de Volmunster, 2147.

Boustroff, canton de Grostenquin, 2271.

Bouvroy, ancienne grange, com. de Celles, 776.

Bouxières-aux-Bois, canton de Dompaire, 931.

Bouxières-aux-Chênes, canton de Nancy-Est, 461.

---

1. Ne doit probablement pas être le même que le précédent.

Bouxières-aux-Dames, canton de Nancy-Est, 52, 2407.

Bouxurulles, canton de Charmes, 1802, 27.

Bouzanville, canton d'Haroué, 1768, 86.

Bouzemont, canton de Dompaire, 957, 1052.

Bouzey, ham., com. de Sanchey, 1190.

Bouzonville, ch.-l. de canton, arr. Thionville (Moselle), 1699, 2355, 2400.

Boviolles, canton de Void, 1950.

Bovée, canton de Void, 1949.

Braconcelle, ham., com. d'Anould, 290, 307.

Bralleville, canton d'Haroué, 872, 896.

Brancourt, canton de Coussey, 1179.

Brantigny, canton de Charmes, 876.

Brechaincourt, ham., com. de Gircourt, 1196.

Brecklange, ham., com. de Hinckange, 1558.

Bréhaviller, l'un des hameaux formant la com. du Syndicat-de-Saint-Amé, canton de Remiremont, 830.

Bréhimont, ham., com. de Saint-Michel, canton de Saint-Dié, 336.

Breidenbach, canton de Volmunster, 2148.

Brémoncourt, canton de Bayon, 175.

Bresse (la), canton de Saulxures, 748.

Breul (le), prévôté de Châtenois[1], 1120.

Brieulles-sur-Meuse, canton de Dun (Meuse), 1951.

Brin, canton de Nomeny (Meurthe), 486.

Briseverre, ham. (verrerie), com. d'Hennezel, 1075.

Brouaumont, ham., com. de la Houssière, 613.

Broussey-en-Blois, canton de Void, 1953.

Brouvelieures, ch.-l. de canton, arr. Saint-Dié, 645, 661.

Brouvelotte, vil. détruit, près de Brouville, 2095.

---

1. Ce n'était, sans doute, comme la Courtille, mentionnée ci-après, qu'une habitation isolée.

Brouville, canton de Baccarat (Meurthe), 2094.

Broville, ham., communauté de Woël (D.), 1890.

Brulange, canton de Grostenquin, 515.

Bruyères, ch.-l. de canton, arr. Epinal, 582, 2312.

Bübingen, ham., com. de Nennig, 1309.

Bubingen, de la seigneurie de Forbach[1], 1756.

Budange[2], canton de Metzerwisse, 1516.

Buding, canton de Metzerwisse, 2280.

Budingen, vil., com. de Hilbringen, 1454.

Bühl, canton de Sarrebourg, 2115.

Bulgnéville, ch.-l. de canton, arr. Neufchâteau, 1114, 72, 2349.

Bulligny, canton de Toul-Sud, 580.

Bult, canton de Bruyères, 1858.

Bure, canton de Montiers-sur-Saulx (Meuse), 1953.

Büren, vil., com. de Rehlingen, 1417, 58.

Bures, canton de Vic (Meurthe), 216.

Burgalben, canton de Waldfischbach (Bav.), 2214.

Burthecourt-aux-Chênes, canton de Saint-Nicolas, 33.

Bury, prévôté de Sierck[3], 1310.

---

1. M. Thilloy indique le village ruiné de Beddingen, de l'ancien comté de Forbach, près de Bousbach, mentionné, dit-il par le président Alix, sous le nom de Büdingen. Les ms. dont nous nous sommes servis portent bien Bubingen. — Il y a, sur la carte du département de la Moselle (1790), une localité du nom de Bebing, entre Folckling et Bousbach.

2. Indiqué dans Bugnon comme un des lieux de la prévôté de Sierck cédés à la France, et dans Stemer (*Traité du département de Metz*), comme dépendant de cette prévôté, en 1756.

3. Bury n'est autre que Kalembourg (n° 1274), indiqué sous une ancienne dénomination. Un titre du Trésor des Chartes (lay. Sierck II, n° 25), de l'année 1575, porte : Reversales des habitants de Callembourg, al. (alias) *Bury-Lumersfeldt*. Kalembourg dépend de la commune de Laumesfeld.

Büschdorf, vil., com. d'Orscholz, canton de Saarburg (Pr.), 1453.

Bussang, canton de Ramonchamp, 769.

Buweiler, vil., com. d'Otzenhausen, canton de Trèves landfr. (Pr.), 1490[1], 1533.

Buzy, canton d'Etain (Meuse), 557.

C

Cachée-Rue (la), mairies de Sainte-Marguerite et de Mandray, prévôté de Saint-Dié, 330, 363.

Cadenbronn, vil., com. de Noussewiller-lès-Puttelange, 1735.

Cappel, canton de Saint-Avold, 1669.

Castel, vil., com. d'Otzenhausen, canton de Trèves landfr. (Pr.), 1526.

Ceintrey, canton d'Haroué, 51.

Celles, canton de Raon-l'Etape, 774.

Cens-la-Ville, ham., com. de Sapois, 746.

Cercueil[2], canton de Saint-Nicolas, 486.

Certilleux, canton de Neufchâteau, 1195.

Chaillon, canton de Vigneulles, 1898.

Chaine-Goutte, cense, com. de Pouxeux, 694.

Chalgoutte, ham., com. d'Anould, 284.

Chaligny, canton de Nancy-Nord, 127.

Chamagne, canton de Charmes-sur-Moselle, 205, 1815, 20, 25, 34, 39.

Chambley, canton de Gorze (Moselle), 556.

---

1. On a imprimé, à cet endroit, Budweiller au lieu de *Bubweiller*, comme il est écrit au n° 1533.

2. Le ms. porte *Sercueur* et non Cercueur, comme on a imprimé.

Chambre-de-Moulin, section de la com. de Saint-Nabord, 695.
Champdray, canton de Corcieux, 612, 623.
Champenoux, canton de Nancy-Est, 471.
Champey, canton de Pont-à-Mousson (Meurthe), 526.
Champigneulles, canton de Nancy-Est, 6.
Champ-le-Duc, canton de Bruyères, 585.
Champs (les), ham. com. du Val-d'Ajol, 793.
Champs-de-Laxet (les), ham., com. de Champdray, 624.
Chanois (le), ham., com. du Syndicat-de-Saint-Amé, canton de Remiremont, 852.
Chanteheux, canton de Lunéville-Sud-est, 266.
Chaouilley, canton de Vézelise, 1740.
Chapelle (la), ham., com. de Moyenmoutier, 552.
Chapelle (la), canton de Corcieux, 603.
Chapelle-aux-Bois (la), canton de Xertigny, 866.
Charey, canton de Thiaucourt (Meurthe), 1957.
Charmes-sur-Moselle, ch.-l. de canton, arr. Mirecourt, 869, 2513.
Charmois, canton de Bayon, 167.
Charmois, verrerie, prévôté de Darney, 1093.
Charmois-devant-Bruyères, canton de Bruyères, 627, 641.
Charmois-l'Orgueilleux, canton de Xertigny[1], 852, 996.
Chatas, canton de Senones, 592.
Château-Rouge, canton de Bouzonville, 1691.
Château-Salins, ch.-l. d'arr. (Meurthe), 455, 2301, 2417.
Château-sur-Perle, écart (chât.), com. de Docelles, 671.
Château-Voué, canton de Château-Salins, 1609.
Châtelet (le), us., com. de Barville, 117.

1. Des prévôtés d'Arches et de Dompaire.

Châtel-sur-Moselle, ch.-l. de canton, arr. Epinal, 1793, 2326.

Châtenois, ch.-l. de canton, arr. Neufchâteau, 1117, 2314, 55.

Chattemagne ou Chatemagne (ban de), portion du territoire d'Abaucourt, où il y avait un château fort, 511.

Chatimont, ham., com. d'Uxegney, 977.

Chauffecourt, canton de Mirecourt, 909.

Chaumouzey, canton d'Epinal, 1003, 1004, 2390.

Chavelot, canton de Châtel, 1846, 77.

Chavigny, canton de Nancy-Ouest, 151.

Chazelles, 1er canton de Metz, 1958.

Chazelles, canton de Blâmont, 2068.

Chef-Haut, canton de Mirecourt, 1188, 1788.

Chémery, canton de Bouzonville[1], 1266, 1312.

Chêne (le), section de la com. de Rupt, 759.

Chênes (les), ham., com. du Val-d'Ajol, 790.

Chenilmont, ferme, com. de Dompaire, 971.

Cheniménil, canton de Bruyères, 670.

Chénois (le), ham., com. de Sauley, 573.

Cheuvry, ham., com. de Taintrux, 586.

Chicourt, canton de Delme (Meurthe), 504.

Chipal (le), ham., com. de la Croix-aux-Mines, 294.

Chonville, canton de Commercy, 140, 1956.

Circourt, canton de Dompaire[2], 1011, 1061.

---

1. Les deux villages de Chémery sont indiqués dans Bugnon, qui ne mentionne ni Clemey, ni Schomberg. Dans le rôle des villages de la prévôté de Sierck en 1669, figurent Schomberg et Neuschomberg; la commune de Chémery est composée de deux villages, appelés la Vieille et la Neuve; de là le motif de notre attribution.

2. *Gircourt* et *Sirecourt* ne sont probablement qu'une seule et même localité, qui appartenait à différents bans. Bugnon n'indique pas de lieu du nom de Girecourt dans la prévôté de Dompaire.

Circourt, canton de Neufchâteau, 1194.
Clairey, ham. (verrerie), com. d'Hennezel, 1081.
Clairgoutte, ham., com. de Fraize, 445.
Clairlieu, ferme (abbaye), com. de Villers-lès-Nancy, 34, 2579.
Claudon, canton de Monthureux-sur-Saône (verrerie), 1074.
Clayeures, canton de Bayon, 169.
Clefcy[1], canton de Fraize, 505, 519.
Clémery, canton de Nomeny (Meurthe), 492.
Clérey, canton de Vézelise, 1750.
Clerjus (le) canton de Xertigny, 865.
Clézentaine, canton de Rambervillers (Vosges), 1798, 2527.
Clingoutte, ham., com. de Saulcy, 405.
Cocheren, canton de Forbach, 2245.
Coinches, canton de Saint-Dié, 401.
Coinchimont, ham., com. de Laveline, 423.
Coiviller, canton de Saint-Nicolas, 168.
Colligny, canton de Pange, 495.
Colmen, canton de Bouzonville, 1216, 1331.
Colombey-les-Belles, ch.-l. de canton, arr. Toul, 556.
Colroy-la-Grande, canton de Saales (Vosges), 435.
Combelle (la), ham., com. du Val-d'Ajol, 797.
Combrimont, ham., com. de Bonipaire, 279, 436.
Commercy, ch.-l. d'arr. (Meuse), 135, 2344, 70.
Condé, canton de Boulay, 1278, 93.
Cône, ham., com. d'Uriménil, 981.

---

1. La ressemblance des *n* et des *u*, employés pour des *v*, fait qu'il est difficile de dire si le ms. porte *Clennecy* ou *Cleuvecy*.

Conthil, canton de Château-Salins¹, 2198, 2229.
Contramoulin, ham., com. de Saint-Léonard, 372, 403.
Contrexard, ham., com. de Basse-sur-le-Rupt, canton de Remiremont, 729.
Contrexéville, canton de Vittel, 1115.
Corcieux, ch.-l. de canton, arr. Saint-Dié, 592.
Corniéville, canton de Commercy, 1959.
Cornimont, canton de Saulxures, 834.
Sur-la-Côte, ferme, com. de Corcieux, 617, 659.
Costelle (la), cense, com. de Mandray, 446.
Costenbach (Kostenbach), vil., com. d'Otzenhausen, canton de Trèves landfr. (Pr.), 1470, 1524.
Côte (la), ham., com. de Longchamp, 843.
Côte (la), ham., com. de Passavant², 1106.
Côtes (les), ham. com. du Val-d'Ajol, 783.
Coume, canton de Boulay, 1360.
Courbessaux, canton de Lunéville-Nord, 459, 482.
Courcelles, canton de Colombey, 1781.
Courcelles-sous-Châtenois, canton de Châtenois, 1178.
Courrupt, ham., com. du Val-d'Ajol, 789.
Cours (les), ham., com. de Saulcy, 410.
Cours (les), vil., com. de Corcieux, 619.
Courtille (la), prévôté de Châtenois, 1121.
Coussey, ch.-l. de canton, arr. Neufchâteau, 120.
Crantenoy, canton d'Haroué, 50.
Crémanviller, section de la com. de Vagney, 731, 829.
Crépey, canton de Colombey, 563.

1. Voy. *Communes de la Meurthe*, t. I, p. 267. (Voy. Hilsprich.)

2. Côte Saint-Antoine (la), village mi-partie Lorraine et Champagne, avec un château ruiné, dans la baronnie de Passavant (D.)

Creue, canton de Vigneulles, 1912.

Crévéchamps, canton d'Haroué, 49.

Crévic, canton de Lunéville-Nord, 55.

Crézilles, canton de Toul-Sud, 561.

Crion, canton de Lunéville-Sud-est, 208, 229.

Croismare, canton de Lunéville-Sud-est, 255.

Croix (la), ham., com. du Val-d'Ajol, 785.

Croix-aux-Mines (la), canton de Fraize, 295.

Custines, canton de Nancy-Est, 515.

Cutting, canton de Dieuze, 1601, 25, 42.

Cuvry, canton de Verny (Moselle), 545, 1960.

D

Dain, canton de Pange, 1965.

Dalem, canton de Bouzonville, 1581, 92.

Dalstein, canton de Bouzonville, 1265.

Damas-aux-Bois, canton de Châtel, 146, 1807.

Damas-et-Bettegney, canton de Dompaire, 1055.

Damelevières, canton de Bayon, 170.

Dampvitoux, canton de Gorze (Moselle), 1961.

Dandirant, nom donné autrefois à plusieurs granges éparses sur le territoire du Val-d'Ajol, 796.

Darmont, canton d'Etain (Meuse), 545.

Darney, ch.-l. de canton, arr. Mirecourt, 1064, 2310, 65.

Darney-aux-Chênes, canton de Châtenois, 1197.

Darnieulles, canton d'Epinal, 1054.

Deinvillers, canton de Rambervillers (Vosges), 175.

Demange-Champ, ham., com. de Xamontarupt, 706.

Demrupt, ham., com du Ménil, 849.

Deneuvre, canton de Baccarat (Meurthe), 2088, 2325, 67.

Denipaire, canton de Senones, 555.

Derbamont, canton de Dompaire, 1010, 60, 62.

Dermanville (la), section du village de Rupt, 756.

Dersdorf, vil., com. d'Eppelborn, 1476, 1540.

Destord, canton de Bruyères, 632, 649, 2099[1].

Destry, canton de Grostenquin, 1713.

Deuxnouds-aux-Bois, canton de Vigneulles[2], 1887, 1964.

Develine, ham., com. d'Anould, 283.

Deycimont, canton de Bruyères, 586, 634.

Deyfosse, ham., com. d'Etival, 547.

Deyvillers, canton d'Epinal, 1848, 75.

Diarville, canton d'Haroué, 1747.

Diding, canton de Bouzonville, 1501, 36.

Diebling, canton de Forbach, 1579, 1671.

Diederfing, vil., com. de Holving, 1660.

Dietersbach, gagnage de la seigneurie de Bitche[3], 2217.

Dieulouard, canton de Pont-à-Mousson (Meurthe), 1962.

Dieuze, ch.-l. de canton, arr. Vic (Meurthe), 1588, 2358, 2419.

Diffembach-lès-Hellimer, canton de Grostenquin, 1634, 1647.

Diffembach-lès-Puttelange, ham., com. de Puttelange, 1652.

Differten, canton de Saarlouis (Pr.), 1565.

Dignonville, canton d'Epinal, 1854.

Dillingen (Dilling), vil., com. de Fraulautern, 1436.

Dittelingen, vil. détruit du comté de Forbach ; emplacement inconnu (Th.), 1733.

Docelles, canton de Bruyères, 597.

---

1. La Haute-Rue est une partie du village de Destord.

2. Deuxnowes et Donnenoul semblent bien désigner une seule et même localité.

3. Etait probablement détruit au commencement du siècle dernier, car Bugnon ne le mentionne pas.

Dognéville, canton d'Epinal, 1860.
Dolaincourt, canton de Châtenois, 1177.
Dolcourt, canton de Colombey, 1759.
Dolving, canton de Fénétrange (Meurthe), 2114.
Dombasle, canton de Saint-Nicolas, 7, 52.
Dombasle-devant-Darney, 1099.
Dombasle-en-Xaintois, 915, 927.
Dombrot-sur-Vair, canton de Bulgnéville, 1102, 1110.
Domèvre, vil. détruit, près d'Haraucourt, 174.
Domèvre-sous-Montfort, canton de Vittel, 958.
Domèvre-sur-Avière, canton d'Epinal, 1867.
Domèvre-sur Durbion, canton de Châtel, 629, 654, 675.
Domèvre-sur Vezouse, canton de Blâmont, 243, 2056, 70, 2585.
Domfaing, canton de Brouvelieures, 646, 662.
Domjevin, canton de Blâmont, 260, 2064.
Domjulien, canton de Vittel, 927, 2517.
Dommarie-Eulmont, canton de Vézelise, 1742.
Dommartemont, canton de Nancy-Est, 55.
Dommartin, canton de Remiremont, 778.
Dommartin-aux-Bois, canton d'Epinal, 1022.
Dommartin-la-Montagne, canton de Fresnes-en-Woëvre (Meuse), 1965.
Dommartin-lès-Vallois, canton de Darney, 1068.
Dommartin-lès-Ville, ham., com. de Ville-sur-Illon, 967.
Dommartin-sous-Amance, canton de Nancy-Est, 485.
Dommartin-sur-Vraine, canton de Châtenois, 1167.
Domnom, canton de Dieuze, 1625.
Dompaire, ch.-l. de canton, arr. Mirecourt, 948, 2309.
Dompcevrin, canton de Pierrefitte (Meuse), 1902.
Dompierre, canton de Bruyères, 591.

Domptail-en-l'Air, canton de Bayon, 172.
Domvallier, canton de Mirecourt, 946.
Donnelay, canton de Vic (Meurthe), 2290.
Donsieders, canton de Pirmasens (Bav.), 2215
Dounoux, canton de Xertigny, 806.
Dourd'hal, canton de Saint-Avold, 1372, 2262.
Dreisbach, vil., com. de Mettlach, 1424.
Drogny, ham., com. de Piblange, 1283, 98.
Droiteval, ham. (prieuré), com. de Claudon, 1095, 2442.
Drouville, canton de Lunéville-Nord, 225.
Düren, vil., com. d'Ittersdorf, 1369.

E

Eberswiller, canton de Bouzonville, 1330.
Eblange, canton de Boulay, 1585.
Ecrouves-et-Grand-Ménil, canton de Toul-Nord, 1967.
Ecuelle, ham., com. de Bouxières-aux-Chênes, 462.
Edling[1], vil., com. d'Anzeling, 1519, 1678.
Eguelshardt, canton de Bitche, 2194.
Eich, ham., com. de Réding, canton de Sarrebourg, 2119.
Eimersdorf, vil., com. de Rehlingen (?), 1359, 1422[2].

---

1. Edelingen et Edelnigen, qui paraissent bien correspondre à Edling, sont un seul et même nom, avec une transposition de lettre.

2. Lisez *Hymerrstorff* au lieu de *Hymersstorff*. — Il y a trois localités, à peu près du même nom, qu'il est fort difficile de distinguer l'une de l'autre dans le *Dénombrement* : Eimesdorf, Gross-Hemmersdorf et Kerperich-Hemmersdorf. Nous avons donc pu très-aisément les confondre dans nos attributions de noms modernes aux formes anciennes.

Einartzhausen[1], bourg et chât. sur l'emplacement desquels a été construite la ville de Phalsbourg, 2233.

Enchwiller, canton de Grostenquin, 1720.

Einvaux, canton de Bayon, 145.

Einville, canton de Lunéville-Nord, 206, 2294.

Einweiller et *Enweiller*, prévôté de Schambourg[2], 1485, 1510, 54.

Eloyes, canton de Remiremont, 689.

Elvange, canton de Faulquemont, 1374.

Elwiller, ham., com. de Loupershausen, 1667.

Emberménil, canton de Blâmont, 2074.

Emmersweiler, vil., com. de Ludweiler, canton de Saarbrücken (Pr.), 2246.

Enchenberg, canton de Rohrbach, 2182.

Ensdorf, vil., com. de Lisdorf, 1403.

Enssens-la-Ville, prévôté de Dompaire, 968.

Entre-deux-Eaux, canton de Fraize, 360.

Epange[3] (?), ferme, com. de Charleville, canton de Vigy (Moselle), 1302.

---

1. Au lieu de Einartzhausen, lisez : *Emartzhausen*. Bugnon a aussi adopté cette forme.

2. Peut-être Niederlinxweiler et Oberlinxweiler, villages, com. de Saint-Wendel (Pr.), près de Schambourg.

3. Espange ou Esping, de la dépendance de Villers-Betnach, avec Nadlange, dit Bugnon. Nadlange doit correspondre à *Nodlingen*, mentionné plus loin. — Le *Pouillé du diocèse de Metz*, rédigé sur la fin du siècle dernier, mentionne, comme annexe de Freistroff, à une demi-lieue de cette commune, une localité du nom d'Epping, correspondant bien à Eppingen du *Dénombrement*, mais qui ne saurait être Epange, plus éloigné de Freistroff que le *Pouillé* ne l'indique. L'attribution d'Eppingen à Epange nous semble donc fort douteuse. (Il n'y a, sur la carte de Cassini, contemporaine de ce dernier document, aucun lieu du nom d'Epping dans le voisinage de Freistroff.)

Epinal, ch.-l. du département des Vosges, 1844, 2528, 74, 2405.
Eppellborn, canton d'Ottweiler (Pr.), 1552.
Eppenbrunn, canton de Pirmasens, 2155.
Epping, canton de Volmunster, 2164.
Erbringen, vil., com. de Haustadt, canton de Merzig, 1420, 44.
Erching, canton de Volmunster, 2170.
Erlenbrunn, canton de Pirmasens, 2207, 2221.
Eschery, ham., com. de Sainte-Marie-aux-Mines, 2126.
Eschwiller, ham., com. de Volmunster, 2227.
Escles, canton de Darney, 987.
Esley, canton de Darney, 1112.
Essegney, canton de Charmes, 880.
Essey-et-Maizerais, canton de Thiaucourt (Meurthe), 1968.
Essey-la-Côte, canton de Gerbéviller, 153.
Essey-lès-Nancy, canton de Nancy-Est, 54.
Estrennes, canton de Vittel, 915, 941.
Etanche (l'), canton de Neufchâteau, 1158, 2408.
Etangs (les), canton de Vigy (Moselle), 1383.
Etat (l'), ham., com. de Ramonchamp, 767.
Etival, canton de Raon-l'Etape, 355, 2588.
Etreval, canton de Vézelise, 1776.
Etting, canton de Rohrbach, 2187.
Etzeling, vil., com. de Kerbach, 1752.
Eulmont, canton de Nancy-Est, 57.
Eulmont, ham., com. de Dommarie-Eulmont, 1741.
Euvezin, canton de Thiaucourt (Meurthe), 1925, 2051.
Euville, canton de Commercy, 1966.
Evaux-et-Ménil, canton de Charmes, 882, 893.
Evendorff, canton de Sierck, 1210, 75.

Eich, fief de la seigneurie de Bitche[1], 2211.
Eyningen, fief de la seigneurie de Bitche, 2203.
Eynothaws, fief de la seigneurie de Bitche, 2213.

F

Faings-Polots (les), ham., com. du Val-d'Ajol, 801.
Faingt (le), ham., com. de Sainte-Marguerite, 526.
Falck, canton de Bouzonville, 1599.
Falkeinstein, chât. ruiné, com. de Bærenthal, canton de Bitche (Th.), 2223.
Faréberswiller, canton de Saint-Avold, 2250.
Farschwiller, canton de Forbach, 1668.
Faucompierre, canton de Remiremont, 677.
Fauconcourt, canton de Rambervillers (Vosges), 179.
Faulquemont, ch.-l. de canton, arr. Metz, 1717, 2340.
Faulx[2], canton de Nomeny (Meurthe), 516, 517.
Favières, canton de Colombey, 1755.
Fayemont, ham., com. du Ban-de-Sapt, canton de Senones, 398.
Faymont, ham., com. du Val-d'Ajol, 788.
Fechingen, vil., com. de Bischmisheim, canton de Saarbrücken (Pr.), 1374, 87.
Fécocourt, canton de Colombey, 1785.
Felsberg (Felsberg-le-Neuf), vil., com. de Wallerfangen, 1408.
Férange, canton de Bouzonville, 1268.
Ferdrupt, canton de Remiremont, 762, 841.

---

1. Peut-être Schweix, canton de Pirmasens? Plusieurs des fiefs dépendant de la seigneurie de Bitche étaient situés dans la Bavière rhénane, cantons de Pirmasens et de Waldfischbach.

2. Commune formée de deux sections, appelées autrefois Faulx-St.-Pierre et Faulx-St.-Etienne, aujourd'hui la Haute et la Basse-Faulx.

Ferrières, canton de Saint-Nicolas, 178.

Fey-en-Haye, canton de Thiaucourt (Meurthe), 95, 110.

Fickingen, vil., com. de Haus'adt, canton de Merzig, 1443.

Filstroff, canton de Bouzonville, 1299, 1354.

Fiménil, canton de Bruyères, 657.

Fitten, vil., com. de Hilbringen, 1447.

Flainval, canton de Lunéville-Nord, 38.

Flasgarten[1], moulin, com. de Guenkirchen, canton de Boulay, 1350.

Flastroff, canton de Sierck, 1251.

Flatten, ham., com. de Launstroff, 1214.

Flavigny-sur-Moselle, canton de Saint-Nicolas, 59, 2446.

Fléville, canton de Saint-Nicolas, 55.

Fliessborn[2], prévôté de Sierck, 1304.

Flin, canton de Gerbéviller, 269, 2092.

Flirey, canton de Thiaucourt (Meurthe), 109.

Florémont, canton de Charmes, 871.

Folckling, canton de Forbach, 2247.

Folperswiller, canton de Sarreguemines, 1572.

Fols (les), ham., com. du Ban-de-Sapt, canton de Senones, 391.

Folschwiller, canton de Saint-Avold, 2278, 82.

Fomerey, canton d'Epinal, 1019, 58.

Fontaine, ham., com. de Vagney, 828.

Fontenay, canton de Bruyères, 589, 637, 639.

1. On a imprimé Hassgarten pour *Flassgarten*.

2. Bagnon indique Filsburg, Felsberg ou Filsberg, château. — C'est peut-être l'ancien village de Felsberg, car il est à supposer que le village actuel de Felsberg ou Felsberg-le-Neuf (com. de Wallerfangen) est ainsi qualifié pour le distinguer d'une autre localité qui aurait porté le même nom.

Fontenelle (la), ham., com. du Ban-de-Sapt, canton de Senones, 599.

Fontenoy-la-Joute, canton de Baccarat (Meurthe), 2090.

Fontenoy-la-Ville, section de la com. de Fontenoy-le-Château, 854.

Fontenoy-le-Château, canton de Bains, 855, 2520.

Fontenoy-sur-Moselle, canton de Toul-Nord, 572.

Forbach, ch.-l. de canton, arr. Sarreguemines, 1724, 2342.

Forbeauvoisin, vil. détruit, près de Mandre-la-Petite[1], 1924, 70.

Forcelles-Saint-Gorgon, 1777.

Forcelles-sous-Gugney, 1753.

Foresterie (la) du ban de Moulin, lieu composé de quelques habitants et des granges dites les Foresteries et des Franches gens[2] (B.), 717.

Foresterie du ban de Vagney (la), nom d'une anciennne seigneurie, dont les sujets, répandus en différents endroits du ban, étaient appelés Forestiers de Vagney[3], 817.

Foresterie (la), du ban de Longchamp, 846. (Voy. l'art. précédent.)

Forêt (la), ham., com. de la Chapelle-aux-Bois, 861.

Forges (les), canton d'Epinal, 983.

Fosse (la) ham., com. d'Etival, 544.

Fosses (les Hautes et Basses-), ham., com. de Nayemont-lez-Fosses, 2134.

Fouchifol, ham., com. d'Entre-deux-Eaux, 362, 402.

---

1. *Ruines de la Meuse*, t. III, p. 223.
2. Voy. Durival, t. III, p. 147.
3. Voy. ibid., p. 148.

Foucrey (les Haute et Basse-), fermes, com. de Serres, 233.

Fougerolles, canton de Saint-Loup (Haute-Saône), 868.

Fouies (les), cense, com. de Granges, 678.

Fraimbois, canton de Gerbéviller, 180.

Fraiteux, ham., com. du Ban-de-Sapt, canton de Senones, 394.

Fraize, ch.-l. de canton, arr. Saint-Dié, p. 51[1].

Franc-Chazeau (le), maison située à Vagney, qui était le siège de la justice de cette seigneurie[2], 813.

Franould, ham., com. de Dommartin, 750, 780, 842.

Franconville, canton de Gerbéviller, 177.

Franouze (la), communauté considérable du canton de Fontenoy, dont l'église paroissiale était au Clerjus (D.), 862.

Frapelle, canton de Saint-Dié, 375.

Fraulautern (Lautern), canton de Saarlouis (Pr.), 1401, 2414.

Freching, ham., com. de Kerling-lès-Sierck, 1224.

Freisen, vil., com. de Berschweiler, canton de Saint-Wendel (Pr.), 1556.

Freistroff, canton de Bouzonville, 1286, 1311, 13, 2401.

Frémeréville, canton de Commercy, 1971.

Frémestroff, canton de Grostenquin, 2285.

Fremifontaine, canton de Brouvelieures, 633, 674.

Fremmesdorf, vil., com. de Rehlingen, 1254.

Frémonville, canton de Blâmont, 2057.

Frenelle-la-Grande, canton de Mirecourt, 1744.

---

1. Nous renvoyons à la page parce que Fraize ((*Fresse*), quoique indiqué comme chef-lieu d'un ban, ne figure pas dans la liste des lieux qui le composaient.

2. Voy. Durival, t. III, p. 148.

Frenelle-la-Petite, canton de Mirecourt, 1766.

Frenois, canton de Darney, 1002.

Fresnes-en-Saintois, canton de Château-Salins, 470.

Fresse, canton de Ramonchamp, 847.

Freybouse, canton de Grostenquin, 2253.

Freyming, canton de Saint-Avold[1] (?), 1390.

Friedrischweiler, vil., com. de Differten, canton de Saarlouis (Pr.), 1561.

Frison (la), ham. (verrerie), com. d'Hennezel, 1088.

Frisonviller, anc. métairie à l'abbaye de Haute-Seille (vil. détr.), com. de Domjevin, 2087.

Frizon (la Haute et la Basse-), canton de Châtel, 1803, 4, 31.

Frouard, canton de Nancy-Nord, 8, 2307.

Froville, canton de Bayon, 154, 176, 2434.

Fruze, canton de Coussey, 122.

Fürweiler, vil., com. d'Oberesch, 1252.

G

Gawestroff (autrefois Weistroff), ham., com. de Villing, 1689.

Gehweiler, vil., com. d'Oberkirchen[2] (?), 1489, 1517.

Gélacourt, canton de Baccarat (Meurthe), 271, 2093.

Gélaucourt, canton de Colombey, 1746.

Gellenoncourt, canton de Saint-Nicolas, 230.

Gelucourt, canton de Dieuze, 1604, 8, 19, 2484.

Gelvécourt-et-Adompt, canton de Dompaire[3], 1043.

---

1. Ferminguen ou Freming, enclave avec Merlebach et Rosbrig (B.).

2. Geisweiller, cense ou petit hameau, communauté d'Exweiller (B.). — Exweiller est Alsweiler, qui n'est pas éloigné d'Oberkirchen.

3. Le ms. doit porter *Gellevecourt* et non *Gellenecourt*.

Geminfaing, ham., com. du Ban-de-Sapt, canton de Senones, 395, 441.

Gemmelaincourt, canton de Vittel, 1143.

Gémonville, canton de Colombey, 1202.

Gérarcourt, ham., com. de Ville-en-Vermois, 9.

Gérardmer, ch.-l. de canton, arr. Saint-Dié, 747.

Gerbamont[1], canton de Saulxures, 730, 743.

Gerbécourt, canton de Château-Salins, 477.

Gerbécourt-et-Haplemont, canton d'Haroué, 56.

Gerbépal, canton de Corcieux, 660.

Gerbéviller, ch.-l. de canton, arr. Lunéville, 159, 164, 2303, 2435.

Gerbonvaux, ferme., com. de Martigny-lez-Gerbonvaux, 1154, 2455.

Germonville, canton d'Haroué, 873, 897.

Géroménil, ham., com d'Hadol, 684, 808.

Gersbach, canton de Pirmasens (Bav.), 2206.

Gezoncourt, canton de Domèvre, 98.

Gigney, canton de Châtel, 1013, 30, 59, 1874.

Ginfosse, ham., com. de Raves, 437.

Girancourt, canton d'Epinal, 1021.

Girauvoisin, canton de Commercy, 1972.

Girecourt, canton de Bruyères, 601, 644, 673.

Girecourt-lez-Viéville, canton de Charmes, 919, 942.

Giriviller, canton de Gerbéviller, 182, 249.

Girmont, canton de Châtel, 1849.

Girompaire, ham., com. de Saint-Léonard, 368.

Gironcourt, canton de Châtenois, 1164.

---

1. Bugnon indique deux localités de ce nom, ban de Vagney. Il dit, en parlant de la moins importante : « Ce sont les Arrentez de Gerbamont ».

Gironville, canton de Commercy, 1973, 77[1].

Girovillers-sous-Montfort, canton de Vittel, 929.

Glonville, canton de Baccarat (Meurthe), 258.

Godchure (ou Godtcheuren), ferme, com. de Villers-Bettnach, 1306.

Goin, canton de Verny (Moselle), 484.

Golbey, canton d'Epinal, 1845, 76.

Goldbach[2], vil., com. de Bettingen, 1492.

Gommelange, canton de Boulay, 1257.

Gongelfang, canton de Sierck, 1258.

Gondreville, canton de Toul-Nord, 549, 2500.

Gondrexon, canton de Blâmont, 2067, 84.

Gonvaux, ferme, com. de Mont lez-Neufchâteau, 1137.

Gorhey, canton de Dompaire, 966, 1017.

Gosselming, canton de Fénétrange, 2104, 16.

Gouécourt, canton de Coussey, 1185.

Gouttes (les), ham. com. d'Anould, 291.

Goviller, canton de Vézelise, 1758.

Gräfenthal, ham. (prieuré), com. de Bliesbolchen, canton de Blieskastel (Bav.), 1576, 2465.

Grammont (le), cense (verrerie), com. de Vioménil, 1085.

Grande-Catherine (la), ham. (verrerie), com. de Claudon, 1082.

Grande-Fosse (la), canton de Saales (Vosges), 332.

Grand-Ménil, ham., com. d'Ecrouves, 1975.

Grand-Rombach (le), ham., com. de Sainte-Croix-aux-Mines, 2128.

Grandrupt, canton de Senones, 458.

---

1. Ces deux articles font vraisemblablement double emploi.
2. On a imprimé Golbach au lieu de *Goldbach*.

Grand-Vezin, ham., com. de Crévic, 40.

Grandvillers, canton de Bruyères. 587.

Grandvoysin[1], bailliage d'Apremont, 1976.

Granges, canton de Corcieux, 611, 672.

Granges (les), fermes, com. de Saint-Baslemont, 1116.

Granges-de-Plombières (les), canton de Plombières, 863.

Graviers (les), ham., com. de Saulxures, 739.

Grémifontaine, ham., com. de la Chapelle-aux-Bois, 864.

Grening, canton de Grostenquin, 1632.

Gresaubach, vil., com. de Bettingen, 1502.

Griesborn, vil., com. de Fraulautern, 1406.

Grimonviller, canton de Colombey, 1767.

Grindorff, canton de Sierck, 1217.

Gripport, canton d'Haroué, 874, 884.

Griscourt, canton de Domèvre, 96.

Gronig, vil., com. d'Alsweiler, 1509.

Grosbliederstroff, canton de Sarreguemines, 1568.

Gross-Hemmersdorf, vil., com. d'Oberesch[2], 1555.

Gros-Réderching, canton de Rohrbach, 2184.

Grosrouvre, canton de Domèvre, 1978.

Grundwiller, canton de Sarreguemines, 1665.

Guebenhausen, canton de Sarreguemines, 1663.

Guébestroff, canton de Dieuze, 1597.

Guéblange, canton de Dieuze, 1615.

Guendersberg, ferme, com. de Hanwiller, 2192.

Guénestroff, canton de Dieuze, 1640.

1. Probablement pour Grand-Vezin. (Voy. Ban de Vezin.)

2. A l'article du bailliage de Boulay, Bugnon mentionne Himmerstroff ou Hémestroff, en renvoyant au bailliage de Bouzonville, où on lit : Himmerstroff le Gros, ou Hummerstroff, ou Heimerstroff. Dans le même bailliage se trouvent Emerstroff et Himmerstroff-le-Petit, ou Kerprick Heimerstroff. — Ni Bugnon ni Durival ne mentionnent Momerstroff, qui est pourtant très-près de Boulay.

Guenwiller, canton de Saint-Avold, 1722, 2244[1].
Guerlefang, vil., com. d'Oberesch, 1300.
Guermange, canton de Réchicourt-le-Château (Meurthe), 1610.
Guerting, canton de Boulay, 1597.
Guerstling, canton de Bouzonville, 1325, 1683.
Guessling, canton de Grostenquin, 2268.
Gugnécourt, canton de Bruyères, 600.
Gugney, canton de Vézelise, 1752.
Gugney-aux-Aulx, canton de Dompaire, 879, 895.
Guidersweiler, vil., com. d'Alsweiler, 1544, 1559.
Guinglange, canton de Faulquemont, 2266.
Guinzeling, canton d'Albestroff (Meurthe), 1627.
Guirlange, vil., com. de Bettange, 1281, 1296.
Guising, ham., com. de Bettwiller, 2167.
Guisingen, vil., com. de Ihn, 1441.
Guménil, ham., com. d'Hadol, 685.

H

Habaurupt, ham., com. de Plainfaing, 451.
Hadigny-lez-Verrières, canton de Châtel, 1824.
Hadol, canton de Xertigny, 688.
Hadomey, ham., com. de Rébéray, 2096.
Hagécourt, canton de Dompaire, 961, 1044.
Hagéville, canton de Gorze (Moselle), 527.
Hagnéville, canton de Bulgnéville, 1150.
Hahnweiler[2], vil., com. de Berschweiler, canton de Saint-Wendel (Pr.), 1507, 1560.

1. On a mis Gonweiller au lieu de *Gemweiller*. — Gemweiller et Gengweiller paraissent bien être un seul et même lieu.
2. Par suite d'une de ces irrégularités dans l'orthographe, que l'on remarque fréquemment, le ms. porte *Honweiller* et *Henweiller*.

Haigneville, canton de Bayon, 155.

Haillainville, canton de Châtel, 1796.

Hallieure, mairies de Sainte-Marguerite et de Mandray prévôté de Saint-Dié, 331, 364.

Halling, canton de Boulay, 2276.

Halloville, canton de Blâmont, 2066.

Halstroff, vil., com. de Grindorff, 1218, 46.

Hamanges, prévôté d'Amance[1], 509.

Hamauxard, ham., com. du Val-d'Ajol, 791.

Hamberg, fief du bailliage d'Apremont, 1980.

Hammeville, canton de Vézelise, 1749.

Hamonville, canton de Domèvre (Meurthe), 1926, 79.

Hampont, canton de Château-Salins, 1620.

Ham-sous-Varsberg, canton de Boulay, 1398.

Hanwiller, canton de Bitche, 2145.

Hannonville-sous-les-Côtes, canton de Fresnes-en-Woëvre (Meuse), 1896, 1913.

Haplemont, ham., com. de Gerbécourt, 59.

Happoncourt, ham., com. de Moncel, canton de Coussey, 1182.

Haraucourt, canton de Saint-Nicolas, 220.

Haraucourt-sur-Seille, canton de Château-Salins, 2285.

Harchéchamp, canton de Neufchâteau, 121.

Hardalle (la), ham., com. d'Anould, 292.

Hardancourt, canton de Rambervillers (Vosges), 1800.

Hardémont, ham., com. de la Chapelle-aux-Bois, 860.

Haréville-sous-Montfort, canton de Vittel, 931.

---

1. Nous n'avons pu découvrir quelle localité le *Dénombrement* veut désigner ; les lieux qui étaient compris dans la prévôté d'Amance sont bien connus, et nous n'en voyons aucun dont le nom moderne ait la moindre analogie avec Hamanges.

Hargarten, ham., com. de Laumesfeld, 1242.

Hargarten (Hargarten-lès-Becking), vil., com. de Haustadt, canton de Merzig, 1418, 32.

Hargarten-aux-Mines, canton de Bouzonville, 1359.

Hario (le), granges éparses au Val-d'Ajol (D.), 798.

Harol, canton de Dompaire, 991.

Harlingen, vil., com. de Merzig, 1464, 1506.

Haroué, ch.-l. de canton, arr. Nancy, 57.

Harprich, canton de Grostenquin, 1716.

Hasenholh, prévôté de Sierck, 1305.

Haspeilscheidt, canton de Bitche, 2151.

Hattonchâtel, canton de Vigneulles, 1883, 2329, 69.

Hattonville, canton de Vigneulles, 1885.

Haucourt, canton de Spincourt (Meuse), 542.

Haudonville, canton de Gerbéviller, 253.

Haussonville, canton de Bayon, 183, 2368.

Haute-Mandray (la), ham. com. de Mandray, 356.

Haute-Seille, ham. (abb.), com. de Cirey, canton de Lorquin (Meurthe), 2584.

Hazelbourg, canton de Phalsbourg, 2236.

Heckling, canton de Bouzonville, 1323.

Heillecourt, canton de Nancy-Ouest, 10.

Heining, canton de Bouzonville, 1682.

Hellendorff, ham., com. d'Orscholz, canton de Saarburg (Pr.), 1230.

Hellimer, canton de Grostenquin, 1633, 46.

Hémering, canton de Grostenquin, 2269.

Héming¹, canton de Lorquin (Meurthe), 2109.

---

1. *Hermingen* semble plutôt correspondre à Œrmingen, canton de Saar-Union (Bas-Rhin); mais nous avons cru devoir supposer qu'il désigne Héming, voisin des autres localités mentionnées sous le même titre.

Hénaménil, canton de Lunéville-Sud-est, 210, 231.

Hennecourt, canton de Dompaire, 1020, 40, 59.

Hennezel, ham., com. de Tendon, 707.

Hennezel (verrerie), canton de Darney, 1072.

Henricel, ham. (verrerie), com. de Claudon, 1087.

Henselhofen (voy. Aschbach), 1478, 1534.

Herbaupaire, ham., com. de Lusse, 381, 414.

Herbaville, ham., com. de Saint-Michel, 338.

Herbémont, ham., com. de Saint-Remimont, 58.

Herbeuville, canton de Fresnes-en-Voëvre (Meuse), 1886.

Herbéviller, canton de Blâmont, 2079.

Herchweiler, vil., com. d'Oberkirchen, 1554.

Hergugney, canton de Charmes, 1841.

Hériménil, canton de Gerbéviller, 241, 262.

Hérival, ham. (prieuré) réuni à la com. du Val-d'Ajol, 772, 2441.

Herpelmont[1], canton de Corcieux, 607.

Hervafaing, ham., com. de Ban-sur-Meurthe, canton de Fraize, 304.

Hesse, canton de Sarrebourg, 2105.

Hessling, église, presbytère et écoles, com. d'Alsting, 1730.

Hestroff, canton de Bouzonville, 1260, 1331.

Hilbringen, canton de Merzig, 1446.

Hilsprich[2], canton de Sarralbe, 2196.

1. Le ms. porte *Herpelmont*, et non Ha*r*elmont, comme on a imprimé.

2. *Hilsperg* semble bien correspondre à Hilsprich; mais les localités que le président Alix désigne comme étant comprises dans la mairie dont ce village était le chef-lieu, sont tellement éloignées les unes des autres, qu'on est obligé de supposer qu'il a commis une erreur en les groupant ensemble. — M. Thilloy dit qu'au xvie siècle, Hilsprich appartenait aux sires de Bitche.

Hilst, canton de Pirmasens, 2156.

Hinckange, canton de Boulay, 2279.

Hincourt[1], ferme, com. d'Athienville, 221.

Hinzing, ham., com. de Holving, 1658.

Hirbach, ham., com. de Holving, 1659.

Hobling, vil., com. de Chémery, 1264.

Hobsteten ou Obsteten[2], vil., mairie, 3 lieues au nord-est de Schambourg; enclavé dans les terres étrangères (D., t. III, p. 312), 1557.

Hœlling, ham., com. de Bettwiller, 2166.

Hoëville, canton de Lunéville-Nord, 483.

Hohe-Weyersberg, montagne (chât. ruiné), entre Bœrenthal et Eguelshardt, 2194.

Holbach-lès-Lemberg, ham., com. de Siersthal, 2174.

Holling, canton de Boulay, 1364, 87, 1676.

Holving, canton de Sarralbe, 1657.

Hölzweiler (Hülzweiler), vil., com. de Fraulautern, 1404.

Hombourg ou Hombourg-sur-Kaner, canton de Metzerwisse, 1332.

Hombourg-Bas, canton de Saint-Avold, 2241.

Hombourg-Haut, canton de Saint-Avold, 2239, 2354, 72.

Hommarting, canton de Sarrebourg, 2112.

Honville, ham., com. de Laveline, 421.

Honzrath, vil., com. de Haustadt, canton de Merzig[3], 1655.

Host, canton de Saint-Avold, 2256.

---

1. On a mis Haucourt au lieu de Hancourt.

2. On a écrit Hoffestetten au lieu de Hofstetten.

3. Ce village est bien éloigné de Puttelange, mais il n'y en a pas d'autre dont le nom se rapproche de Hunradt, et non Himradt, comme on a mis par erreur. — Hontzath, Honzerat ou Hontzerat, vil. de l'ancien canton de Réling, cédé en 1815 (Viv.).

Hottwiller, canton de Volmunster, 2169.

Houdelmont, canton de Vézelise, 12, 1765.

Houdemont, canton de Nancy-Ouest, 11.

Houdreville, canton de Vézelise, 1748.

Houdrichatel, anc. verrerie, près d'Hennezel, 1080.

Houécourt, canton de Châtenois, 1166.

Houéville, canton de Neufchâteau, 1186.

Houssière (la), canton de Corcieux, 658.

Hubert (le), ham. (verrerie), com. de Claudon, 1090.

Hudiviller, canton de Lunéville-Nord, 41.

Hültenhausen, canton de Phalsbourg, 2235.

Humbertois,, ham., com. de Saint-Laurent, 979.

Hundling, canton de Sarreguemines, 1670.

Hunskirch, canton d'Albestroff (Meurthe), 1637.

Hurbache, canton de Senones, 429.

Hutte (la), ham., com. de Xamontarupt, 704.

Hymont, canton de Mirecourt, 904.

I

Igney, canton de Châtel, 1872, 82.

Igney, canton de Réchicourt-le-Château (Meurthe), 2063.

Ihn (Lognon), canton de Saarlouis (Pr.), 1679.

Imling, canton de Sarrebourg, 2105.

Immweiler[1], section du vil. d'Oberthal, com. d'Alsweiler, 1508.

Imsbacherhof, ferme, com. de Trulben (?), 2220.

Ingling, fe..., com. de Chémery[2], 1267.

1. Imbweiler, une lieue au nord-est de Schambourg, près de l'ancien château de Linden, chef-lieu d'une mairie composée de Groning (Gronig) et Homweiler (D.).

2. Chémery-la-Vieille, avec la cense d'Englingen, de la ci-devant prévôté de Freistroff (B.).

Insming, canton d'Albestroff (Meurthe), 1605, 7, 29, 2457.
Ising[1], ham., com. d'Eberswiller, 1340.
Ittersdorf, canton de Saarlouis (Pr.), 1687.
Itzbach, vil., com. de Rehlingen, 1416.

J

Jallaucourt, canton de Delme (Meurthe), 510.
Jaileray, ham., com. de Bellefontaine, 714.
Jarménil, canton de Remiremont, 804.
Jarville, canton de Nancy-Ouest, 13, 61.
Jaulny, canton de Thiaucourt (Meurthe), 538.
Jésonville, canton de Darney, 1069
Jeuxey, canton d'Épinal, 1866.
Jevoncourt, canton d'Haroué, 60, 85[2], 898.
Jezainville, canton de Pont-à-Mousson, 97, 1974.
Jolivet, canton de Lunéville-Sud-est, 256.
Jorxey, canton de Dompaire, 965, 1033.
Jouaville, canton de Briey, 1983.
Jouy-sous-les-Côtes, canton de Commercy, 1927, 86.
Jubainville, canton de Coussey, 575.
Jury (?), canton de Verny (Moselle), 1984.
Jussarupt, canton de Corcieux, 606.
Jussy, canton de Gorze (Moselle), 1985.
Juvaincourt, canton de Mirecourt, 935.
Juvelise, canton de Vic (Meurthe), 2287.

---

1. On a imprimé Lugsingen pour *Ingsingen*.

2. Jevoncourt et Juvoncourt, qui forment ces deux articles dans le manuscrit, ne sont évidemment qu'une seule et même localité.

K

Kalembourg, vil., com. de Laumesfeld, 1274.

Kalhausen, canton de Rohrbach, 2185.

Kaltenhausen, vil. absorbé par la ville de Bitche (Th.), 2141.

Kaltzweiller, vil., com. de Montenach, 1207.

Kassheim[1], office de Schambourg, 1497.

Kédange, canton de Metzerwisse, 1261.

Kemplich, canton de Metzerwisse, 1263.

Kerbach, canton de Forbach, 1734.

Kerlingen (Kerling-lès-Sarrelouis), vil., comme de Ihn, 1693.

Kerling-lès-Sierck, canton de Sierck, 1225, 50.

Kerperich-Hemmersdorf, vil., com. d'Oberesch, 1421, 59.

Kerprich-aux-Bois, canton de Sarrebourg, 2115.

Kerprich-lès-Dieuze, canton de Dieuze, 1596.

Keuchingen, vil., com. de Mettlach, 1429.

Kirf, vil., com. de Meurig, canton de Saarburg (Pr.), 1357.

Kirschnaumen, canton de Sierck, 1205.

Kirsch-lès-Sierck, canton de Sierck, 1227.

Kitzing, ham., com. de Merschweiller, 1326.

Klang. vil., com. de Kemplich, 1262.

Kleinblittersdorf[2], canton de Saarbrücken (Pr.), 1569.

Kolchen, office de Siersberg[3], 1412.

Kontz-Basse, canton de Cattenom, 1244.

1. Kaissen, de la mairie de Weisbach (B.). — Kaisen, ham., communauté de Viesbach, à 3 l. de Schambourg (D.).

2. On a imprimé Kleimblidestroff au lieu de *Kleinblidestroff*.

3. Bugnon et Durival indiquent Cloken, fief, communauté de Guidesweiler.

Kontz-Haute, canton de Cattenom, 1514.
Kröppen, canton de Pirmasens, 2155.

L.

Lachambre, canton de Saint-Avold, 2263.

Lacroix, vil., com. de Saint-François, canton de Bouzonville, 1276.

Lagney, canton de Toul-Nord, 570.

Lahayville, canton de Saint-Mihiel, 1987.

Lairey, fief du bailliage d'Apremont[1], 1989.

Laitre, ham., com. du Ban-de-Sapt, canton de Senones, 400.

Laitre, ham., com. du Val-d'Ajol, 794.

Laitre, ham., com. de Deneuvre, 2089.

Laitre-sous-Amance, canton de Nancy-Est, 457, 2429.

Lamarche-en-Voëvre, canton de Vigneulles, 1981.

Lamath, canton de Gerbéviller, 185, 265.

Lambach, canton de Rohrbach, 2181.

Laménil, ham., com. d'Arches, 686.

Lamerey, ham., com. de Madonne-et-Lamerey, 969.

Lamorville, canton de Vigneulles, 1897.

Landaville, canton de Neufchâteau, 1168.

Landécourt, canton de Bayon, 163, 184, 2435.

Landrefang, canton de Faulquemont, 1379.

Landres, canton d'Audun-le-Roman (Moselle), 1990.

Landroff, canton de Grostenquin, 1714.

Landweiler[2], vil., détruit, entre Achen et Bining (Th.), 2226.

1. Peut-être Larry ou Larrey, ferme, com. de Liéhon, canton de Verny (Moselle), ou Labry, canton de Conflans (Moselle).

2. Ou Loutzwiller, canton de Volmunster, mentionné dans Bugnon et indiqué par M. Thilloy comme village du comté et du bailliage de Bitche (?).

Laneuvelotte, canton de Nancy-Est, 487.

Laneuveville-aux-Bois[1], canton de Lunéville-Sud-est, 244.

Laneuveville-devant-Bayon, canton d'Haroué, 64.

Laneuveville-devant-Nancy, canton de Saint-Nicolas, 17.

Lanfroicourt, canton de Nomeny (Meurthe), 498.

Langley, canton de Charmes, 1808.

Laning, canton de Grostenquin, 2285.

Lapraye, ham., com. de Laveline, 297.

Larrière, ham., com. du Val-d'Ajol, 795.

Laumesfeld, canton de Sierck, 1241, 75.

Launois, ham., com. du Ban-de-Sapt, canton de Senones, 397.

Launoy ou Lanoy, vil. et chât. détruits, près d'Herbéviller, 2077.

Launstroff, canton de Sierck, 1237.

Laval, ham., com. de Chaligny, 129.

Laval, canton de Bruyères, 609.

Laveline, canton de Saint-Dié, 301, 419.

Laveline-du-Houx, canton de Bruyères, 610, 702.

Laviéville, ham., com. de Dompaire, 1041.

Lavignéville, canton de Vigneulles, 1895.

Laxou, canton de Nancy-Nord, 14.

Layegoutte, ham., com. de Bonipaire, 277, 378.

Lay-Saint-Cristophe, canton de Nancy-Est, 42, 2432.

Lebeuville, canton d'Haroué, 1829, 56.

Legéville-et-Bonfays, canton de Dompaire, 1047.

Leidingen (Leyding), vil., com. d'Ittersdorf, 1680, 1700.

Leintrey, canton de Blâmont, 2069.

---

1. Voy. Neuveville (la). Nous avons conservé l'orthographe adoptée pour ce nom dans chaque département, malgré son irrégularité.

Lejols, ham., com. de Gerbamont, 734, 820[1].
Lelling, canton de Grostenquin, 2277.
Lemainville, canton d'Haroué, 65.
Lemberg, canton de Bitche, 2180.
Lemberg, canton de Pirmasens[2], 2202.
Lemestroff, canton de Metzerwisse, 1226, 72.
Lengelsheim, canton de Volmunster, 2145.
Léning, canton d'Albestroff (Meurthe), 1644.
Lenoncourt, canton de Saint-Nicolas, 62.
Léomont, ferme (prieuré), com. de Vitrimont, 213, 2437.
Lépange, section de la com. de Rupt, 755, 836.
Lépanges, canton de Bruyères, 656.
Leppenoux, ham. (verrerie), com. de Claudon, 1091.
Lérouville, canton de Commercy, 143.
Lerrain, canton de Darney, 989.
Lesseux, canton de Saint-Dié, 380, 413.
Létraye, ham., com. de Ramonchamp, 765.
Lette, ham., com. de Lonchamp, 859.
Leval, ham., com. du Val-d'Ajol, 787.
Leyr, canton de Nomeny (Meurthe), 475.
Lezey, canton de Vic (Meurthe), 219.
L'hôpital, canton de Saint-Avold, 2261.
Libdeau, ferme (commanderie), com. de Toul, 2386.
Lidrequin, canton de Château-Salins, 1708.
Lidrezing, canton de Dieuze, 1709.
Liébauxard, ham., com. de Rupt, 761.
Liederscheidt, canton de Bitche, 2158.

1. On a mis, à ce dernier art., *Lessol*, pour Lesiol. — Il y a aussi Ejols (les), ham., com. de Vagney.

2. Ancienne forteresse des comtes de Deux-Ponts-Bitche, nommée aussi Lemberg-Hanau, et qu'il ne faut pas confondre avec le précédent (Th.).

Lièpvre, canton de Sainte-Marie-aux-Mines, 2124, 2463.

Lignéville, canton de Vittel, 924.

Liesslerthal, office de Schambourg[1], 1558.

Limbach, vil., com. de Bettingen, 1472, 1550.

Limey, canton de Thiaucourt (Meurthe), 111.

Linden, section de la com. d'Oberthal[2], 1486, 1518.

Lindre-Basse, canton de Dieuze, 1591.

Lindre-Haute, canton de Dieuze, 1589.

Lindscheid, vil., com. de Tholey, 1473. 1531.

Lion-devant-Dun, canton de Dun (Meuse), 1995.

Liouville, canton de Saint-Mihiel, 1921, 92.

Lisdorf (Listroff), canton de Saarlouis (Pr.), 1402.

Lixières, ham., com. de Fléville, canton de Conflans (Moselle), 1991.

Lixing-lès-Roubling, canton de Sarreguemines, 2250.

Longchamp, section de la com. de Rupt, 749.

Longchamp, canton de Châtenois, 1152, 74, 1205.

Longchamp, canton d'Epinal, 1865.

Longchamp, canton de Pierrefitte (Meuse), 1982.

Longeroye, ham., com. d'Harol, 992.

Longeville-lès-Saint-Avold[3], canton de Faulquemont, 1568, 2357, 96.

Longor, moulin (vil. détr.), com. de Pagny-sur-Meuse, 141.

Longuet, section de la com. de Saint-Nabord, 814.

Lorey, canton de Bayon, 152.

Loro-Montzey, canton de Bayon, 1816, 52.

Lostroff, canton d'Albestroff (Meurthe), 1645.

---

1. Peut être Sinnerthal, canton d'Ottweiler (Pr.).

2. Ou bien Linden (ou Fohren-Linden, vil., com. de Berschweiler, canton de Saint-Wendel (Pr.).

3. Le ms. porte *Lugenfeld* et *Lungenfeld*.

Lotthringen, chât. détruit, près de Rimling, 2176.
Loudrefing, canton d'Albestroff (Meurthe), 1600, 24, 41.
Loupershausen, canton de Sarreguemines, 1664.
Loutremange, canton de Boulay, 1595.
Louvière (la), ferme, com. d'Hurbache, 432.
Lubécourt, canton de Château-Salins, 478.
Lubine, canton de Saales, 274, 502.
Lucey, canton de Toul-Nord, 571.
Lucy, canton de Delme (Meurthe), 468.
Ludres, canton de Nancy-Ouest, 16.
Lunéville, ch.-l. d'arr. (Meurthe), 236, 2295, 2380, 2416, 2477.
Lupcourt, canton de Saint-Nicolas, 15.
Lusse, canton de Saales (Vosges), 379, 412.
Lutzelbourg, canton de Phalsbourg, 2234.
Lymingen, office de Boulay, 1571.

M

Macheren, canton de Saint-Avold, 2242.
Macker, vil., com. de Helstroff, 1561.
Madecourt, canton de Vittel, 962.
Madegney, canton de Dompaire, 952.
Magnières, canton de Gerbévilier, 187, 2306.
Magny, canton de Verny (Moselle), 1995.
Mailheres, canton de Pont-à-Mousson (Meurthe), 114.
Mailleronfaing, ham., com. de Bellefontaine, 711.
Mailly, canton de Nomeny (Meurthe), 1996.
Mainvillers[1], canton de Faulquemont, 1577.
Maisons-de-Raon, éc., com. de Bellefontaine, 710.
Maixe, canton de Lunéville-Nord, 228.

---

1. On a imprimé Maulveiller au lieu de *Mauweiller*.

Maizery, canton de Pange, 2000.

Maizey, canton de Saint-Mihiel (Meuse), 1905, 14.

Malaumont, canton de Commercy, 135.

Malgrange (la), ham., com. de Jarville, 3.

Malleloy, canton de Nomeny (Meurthe), 518.

Malling, canton de Metzerwisse, 1235.

Malzéville, canton de Nancy-Est, 18, 68.

Mamey, canton de Domèvre (Meurthe), 101, 112.

Mandray, canton de Fraize, 355.

Mandre-la-Petite, ham., com. de Boncourt, canton de Commercy, 1923, 94.

Mandres-sur-Vair, canton de Bulgnéville, 1144, 91.

Mangonville, canton d'Haroué, 45.

Manheulles, canton de Fresnes-en-Voëvre (Meuse), 1997.

Mannecourt, ham., com. de Châtenois, 1123.

Manoncourt-en-Vermois, canton de Saint-Nicolas, 20.

Manoncourt-en-Voivre, canton de Domèvre (Meurthe), 562.

Manonviller, canton de Lunéville-Sud-est, 248, 2438.

Many, canton de Faulquemont, 1580.

Marainville, canton de Charmes, 1830, 37.

Marainviller, canton de Lunéville-Sud-est, 252.

Marange-Zondrange, canton de Faulquemont, 1376.

Marbache, canton de Nancy-Nord, 89.

Marbotte, canton de Saint-Mihiel (Meuse), 1929, 2480.

Mardigny (?), vil., com. de Lorry-devant-le-Pont, canton de Pange, 503.

Mariémont, ham., com. des Arrentés-de-Corcieux, canton de Corcieux, 595.

Marienflosse, moulin (collégiale), com. de Sierck, 1233, 2576.

Marimont, canton d'Albestroff (Meurthe), 1622.

Maron, canton de Nancy-Nord, 67.

Maroncourt, canton de Dompaire, 964.

Marpingen, vil., com. d'Alsweiler, 1482, 1523, 52.

Marre[1], canton de Void, 1998.

Marsal, canton de Vic (Meurthe), 2286, 2356, 77.

Mars-la-Tour, canton de Gorze (Moselle), 539.

Marson, canton de Void, 1999.

Marthemont, canton de Vézelise, 566.

Martigny-lez-Gerbonvaux, canton de Coussey, 1162, 83.

Martincourt, canton de Domèvre (Meurthe), 102.

Martinvelle, canton de Monthureux-sur-Saône, 1105.

Marvoisin, vil. réuni à la com. de Xivray, 2004.

Marzelay, ham., com. de Saint-Dié, 516.

Mattaincourt, canton de Mirecourt, 905.

Mattexey, canton de Gerbéviller, 189.

Maxéville, canton de Nancy-Nord, 19.

Maxey-sur-Meuse, canton de Coussey, 1181.

Maxonchamp, section de la com. de Rupt, 857.

Maxstadt, canton de Grostenquin, 2255.

Mazelay, canton de Châtel, 1048.

Mazerules, canton de Château-Salins, 474.

Mazeville (le), ham., com. de Fraize, 443.

Mazirot, canton de Mirecourt, 930.

Mechern (Mecheren), vil., com. de Hilbringen, 1253.

Mégange, canton de Boulay, 1280, 95, 1349.

Méhoncourt, canton de Bayon, 156, 186.

Méloménil, ham., com. d'Uzemain, 1027.

Méligny-le-Grand, canton de Void, 156.

Méligny-le-Petit, canton de Void, 157.

Ménachamp, ham., com. de Saint-Etienne, 721.

---

1. On a imprimé Maré au lieu de *Mare*.

Mémenil, canton de Bruyères, 588, 638.

Menemel, ban de Fraize, prévôté de Saint-Dié, 447.

Ménil, faubourg de Lunéville (vil.), 238.

Ménil (le), ham., com. d'Etival, 343.

Ménil (le), canton de Ramonchamp, 709.

Ménil (le), ancienne grange du ban de Longchamp (B.), 850.

Ménil (le), ham., com. de Bellefontaine, 855.

Ménil, ham., com. d'Evaux-et-Ménil, 883, 894.

Ménil, ham., com. de Girecourt-lez-Viéville, 917, 944.

Ménil (le), ham., com. d'Harol, 993, 1006.

Ménil, ham., com. de Balléville, 1201.

Ménil-en-Xaintois, canton de Mirecourt, 1151.

Ménil-Flin, ham., com. de Flin, 2092.

Ménil-la-Tour, canton de Toul-Nord, 2005.

Menningen, vil., com. de Merzig, 1463.

Mensberg[1], com. de Manderen, canton de Sierck, 1346.

Menskirch, vil., com. de Dalstein, 1327.

Meraucourt ou *Merancourt*, fief du bailliage d'Apremont, 2002.

Merchingen, vil., com. de Haustadt, canton de Merzig, 1423, 57, 65.

Mereille, ham., com. du Val-d'Ajol, 800.

Méréville, canton de Nancy-Ouest, 65.

Merlusses (les Hautes et Basses), ham., com. de Lusse, 388.

Merschweiller, canton de Sierck, 1231.

1. La seigneurie de *Mentzberg* comprenait, en 1669, les villages de Belmacheren (Bellemacher), Naundorff (Naudorff), Kutzingen (Kesselingen), Scheurvaldt (Scheuerwald), Flatten, Waldtweis (Valdwiss), Tinstorf (Tünsdorf), Orscholz, Schwerdorff et Zeuringen (Zeurange).

Merten, canton de Bouzonville, 1696, 1701.

Merzig, ch.-l. de canton, arr. de Trèves (Pr.), 1461, 2334, 2464.

Messein, canton de Nancy-Ouest, 66.

Métrich, canton de Metzerwisse, 1243.

Métring, canton de Faulquemont, 2258.

Mettlach, canton de Merzig, 1428, 2599.

Metz, ch.-l. du département de la Moselle, 2358, 2410, 2411.

Metzeresche, canton de Metzerwisse, 1329.

Metzing, canton de Forbach, 1661.

Mexet[1], éc. (vil. détr.), com. d'Haussonville, 188.

Mignéville, canton de Baccarat (Meurthe), 2075.

Millery, canton de Pont-à-Mousson (Meurthe), 520.

Milly, canton de Dun (Meuse), 2006.

Mi-Mandray (la), ham., com. de Mandray, 357.

Mirecourt, ch.-l. d'arr. (Vosges), 889, 2308, 2469.

Mittel-Bollenbach, vil, com. de Sien, canton de Saint-Wendel (Pr.), 1566.

Mittelbronn, canton de Phalsbourg, 2237.

Moineville, canton de Briey (Moselle), 2011.

Moivron, canton de Nomeny (Meurthe), 481.

Moncel (le), ham., com. de Sauley, 569.

Moncel, cense, com. de Neuviller-sur-Fave, 407.

Moncel (le), ham., com. du Val-d'Ajol, 784.

Moncel-lès-Lunéville, canton de Lunéville-Sud-est, 240.

---

1. *Metzey*, *Maxey* ou *Mexey*, village en partie ruiné, proche Giriviller, et qui commence à se rétablir (B.). — *Méxey*, ban séparé, paroisse de Domptaille-sur-Méxey. Il y avait autrefois un village dans ce ban, et six habitants en 1712. Il ne reste point de vestiges du village : le ruisseau en a conservé le nom (D.).

Moncel-lès-Marchéville, canton de Fresnes-en-Voëvre (Meuse), 2007.
Monclair ou Monteclair, forteresse ruinée, près de Mettlach[1], 1347.
Moncourt, canton de Neufchâteau, 1149.
Mondorf, vil., com. de Hilbringen, 1460, 1505.
Moniet, (le), anc. prieuré, près de Deneuvre, 2100, 2436.
Monnelotz (les), ban de Tendon, 708.
Monneren[2], canton de Metzerwisse, 1220, 70.
Mont, canton de Gerbéviller, 263.
Mont, canton de Pange, 494.
Montauville, canton de Pont-à-Mousson (Meurthe), 105, 113.
Montbronn, canton de Rohrbach, 2251.
Mont-devant-Sassey[3], canton de Dun (Meuse), 2008.
Montenach, canton de Sierck, 1203.
Montenoy, canton de Nomeny (Meurthe), 519.
Monthairons (les), canton de Souilly (Meuse), 2001.
Monthureux-sur-Saône, ch.-l. de canton, arr. Mirecourt, 1107, 2431.
Mont-le-Vignoble, canton de Toul-Sud, 577.
Montmotier, canton de Bains, 856.
Montreux, canton de Blâmont, 2081.
Montzey, ham., com. de Loro-Montzey, 147, 1810.
Moranviller, vil. détruit, près de Rémenoville[4], 190.

1. Voy. Durival, t. II, p. 286. — On a imprimé Monder au lieu de *Moncler*.
2. Bugnon, indique *Monderen* parmi les lieux cédés à la France, et Stemer, *Monneren*, dans les communautés de la prévôté de Sierck. — Monneren ou Mondren (Viv.).
3. *Ruines de la Meuse*, t. l'I, p. 321.
4. Moranviller, du marquisat de Gerbéviller, ruiné (B.).

Morelmaison, canton de Châtenois, 1163, 73.

Morhange, canton de Grostenquin, 1703, 2343.

Moriville, canton de Châtel, 1795.

Moriviller, canton de Gerbéviller, 157.

Morlange, vil., com. de Bionville, canton de Boulay, 1723.

Morsbach, canton de Forbach, 2251.

Mortagne, ham., com. de Mont, canton de Cerbéviller, 264.

Mortagne, canton de Brouvelieures, 647, 665.

Morville-sur-Seille, canton de Pont-à-Mousson (Meurthe), 480.

Moulainville, canton d'Etain (Meuse), 2010.

Moulin, section de la com. de Saint-Nabord, 716.

Mouline (la), ham., com. de Ramonchamp, 766.

Moulins, ham., com. de Bouxières-aux-Chênes, 463.

Mousson, canton de Pont-à-Mousson (Meurthe), 2009.

Moussoux, ham., com. de la Baffe, 805, 1863.

Mouterhausen, canton de Bitche, 2190.

Moutrot, canton de Toul-Sud, 555.

Moyemont, canton de Rambervillers (Vosges), 158.

Moyenmoutier, canton de Senones, 348, 2387.

Moyenpal, ham., com. de Xertigny, 809.

Mulcey, canton de Dieuze, 1595.

Münchweiler[1], canton de Pirmasens, 2216.

Murvaux, canton de Dun (Meuse), 2003.

Murville, canton d'Audun-le-Roman (Moselle), 2012.

N

Naglaincourt, ham., com. de Dompaire, 972.

---

1. On a imprimé **Mundweiller** pour *Munchweiller*

Naimont, ham., com. d'Uzemain, 1007, 25.

Nalbach, canton de Saarlouis (Pr.), 1409.

Namborn[1], vil., com. d'Oberkirchen, 1545.

Nançois-le-Grand, canton de Commercy, 2013.

Nancy, ch.-l. du département de la Meurthe, 1, 2291, 2362, 63, 78, 2412, 15, 25, 66, 71, 73-75.

Nayemont, ham., com. du Ban-de-Sapt, canton de Senones, 393.

Nayemont-lez-Fosses, canton de Saint-Dié, 440, 2133.

Nébing, canton d'Albestroff (Meurthe), 1650.

Neipel, vil., com. de Tholey, 1501.

Nelling, canton de Sarralbe, 1630.

Nennig, canton de Saarburg (Pr.), 1517.

Neudlange, ferme, com. d'Aboncourt, canton de Metzerwisse, 1308.

Neufchâteau, ch.-l. d'arr. (Vosges), 118, 2315, 2413, 54, 67.

Neufgrange, canton de Sarreguemines, 1583.

Neu-Forweiler. Voy. Alt-Forweiler.

Neune, ham., com. de Vienville, 595.

Neunkirch, canton de Sarreguemines, 1571.

Neunkirchen, canton de Bouzonville, 1352.

Neunkirchen, canton d'Ottweiler[2] (Pr.), 1564.

Neunthann, gagnage de la seigneurie de Bitche, 2225.

Neuves-Granges (les), ham., com. de Saint-Laurent, 978.

Neuves-Maisons, canton de Nancy-Ouest, 150, 2428.

Neuveville (la[3]), ham., com. de Valleroy, 2014.

---

1. On a imprimé Nauborn au lieu de *Nanborn*.
2. Il y a aussi Niederneunkirchen, même canton.
3. Voy. p. 223 la note au sujet de Laneuveville et Neuveville (la).

Neuveville-et-Grémoménil (la) canton de Bruyères, 585.

Neuveville-lez-Raon, canton de Raon-l'Etape, 310.

Neuveville-sous-Châtenois (la), canton de Châtenois, 1128.

Neuveville-sous-Montfort (la), canton de Vittel, 900, 1051.

Neuviller-sur-Fave, canton de Saint-Dié, 524, 455.

Neuviller-sur-Moselle, canton d'Haroué, 69, 162, 2448.

Neyvillers, ham., com. de Saint-Amé, 722.

Nideck[1], vil. de la terre de Sarralbe, détruit au xviie siècle (emplacement inconnu), 2139.

Niderviller[2], canton de Sarrebourg, 2017.

Niderwisse, canton de Boulay, 2275.

Niedaltdorf (Niedaltroff), vil., com. d'Oberesch, 1219, 1290.

Niederhofen, vil., com. de Tholey, 1483, 1519, 42.

Niedergailbach, canton d'Hornbach (Bav.), 2200.

Niedersimten ou Obersimten[3], canton de Pirmasens, 2208.

Nittel, canton de Saarburg (Pr.), 1417, 45.

Nitting, canton de Lorquin (Meurthe), 2106, 2118.

Nobaimont, ham., com. de Charmois-l'Orgueilleux, 998.

---

1. On lit dans le compte des rentes et revenus de la terre et seigneurie d'Albe (Sarralbe) pour l'année 1661 (Trésor des Chartes, lay. Albe II, n° 81 bis), à l'article concernant Nideck : « Le comptable n'en faict aucune recepte parce que ledit village est ruyné entièrement et abandonné, sans y avoir aulcune maison, plein de haye et buisson, et sans aulcuns habitans ». Une note suivante porte qu'en 1625, il y avait dans ce lieu 13 conduits ; d'où l'on peut conclure qu'il fut détruit pendant les guerres du xviie siècle.

2. On devrait écrire, comme en allemand : *Nieder*, qui signifie bas.

3. Le ms. porte *Sympten*, qui peut désigner aussi bien l'une que l'autre des deux localités que nous mentionnons.

Nohn, vil., com. d'Orscholz, canton de Saarburg (Pr.). 1425.

Noiregoutte, ham., com. de Plainfaing, 450.

Nol (la), ham. com. de Saint-Amé, 755.

Nolle (la), vil., com. de Corcieux, 613.

Nomexy, canton de Châtel, 1794, 1822.

Nompatelize, canton de Raon-l'Etape, 334.

Noncourt, canton de Neufchâteau, 1155.

Nonhigny, canton de Blâmont, 2082.

Nonville, canton de Monthureux-sur-Saône, 1100, 1108.

Nonzeville, canton de Bruyères, 725, 643, 650.

Norbépaire, vil. détruit, près de Wisembach, 428.

Norroy-sur-Vair, canton de Bulgnéville, 1129, 59, 2481.

Norroy-le-Veneur, 1er canton de Metz, 535.

Northen[1], ham., com. de Condé, 1279, 94.

Noussewiller lès-Puttelange, canton de Forbach, 1662.

O

Oberdorff, canton de Bouzonville, 1690.

Ober-Esch ou Oberesch, canton de Saarlouis (Pr.), 1222, 1249.

Obergailbach, canton de Volmunster, 2199.

Oberkirchen[2] (anciennement Catharin-Ostern), 1511, 46.

Ober-Leuken ou Oberleuken, vil., com. de Perl, 1255, 1291.

Obernaumen, ham., com. de Kirschnaumen, canton de Sierck, 1206.

Oberperl, vil., com. de Perl, 1287.

---

1. On a imprimé Morthen au lieu de *Northen*.
2. Oberkirch ou Osterdal, ou Katter-Nostern (D.).

Obersteinbach, canton de Bouxwiller (Bas-Rhin), 2149.
Oberstinzel, canton de Fénétrange (Meurthe), 2117.
Oberwisse, canton de Boulay, 2274.
Obsteten. Voy. Hobsteten.
Ochey, canton de Toul-Sud, 567, 574.
Odenhoven, ham., com. d'Oberdorff, 1694.
Oeft (Eft), vil., com. d'Orscholz, canton de Saarburg (Pr.), 1229.
Œlleville, canton de Mirecourt, 935.
Œting, canton de Forbach, 1726.
Offroicourt, canton de Vittel, 928.
Ogéviller, canton de Blâmont, 2072, 2324.
Ognéville, canton de Vézelise, 1760.
Olberding, ferme et chap., com. de Grosrederching, 2172.
Olichamp, ham., com. de Saint-Nabord, 698.
Olichamp, ham., com. du Val-d'Ajol, 799.
Ollainville, canton de Châtenois, 1131.
Omelmont, canton de Vézelise, 1780.
Oncourt, canton de Châtel, 1009.
Ormerswiller, canton de Volmunster, 2175.
Ormes-et-Ville, canton d'Haroué, 70, 2305, 2418.
Ortoncourt, canton de Rambervillers (Vosges), 1801.
Osenbach, section du vil. d'Oberthal, com. d'Alsweiler, 1487, 1515.
Ottange, canton de Cattenom (Moselle), 2013.
Ottonville, canton de Boulay, 1363.
Ouderen, canton de Metzerwisse, 1236.
Outrancourt, canton de Buignéville, 125.
Outreleau, ban d'Arches, 700.
Outremont, ferme (prieuré), com. de Lesse, canton de Delme (Meurthe), 466, 2460.

Outremont, ham., com. du Val-d'Ajol, 792.

P

Pachten, vil., com. de Fraulautern, 1431.
Padoux, canton de Bruyères, 1852.
Pagny-sur-Moselle, canton de Pont-à-Mousson (Meurthe), 529.
Paire (le), ham., com. d'Anould, 286.
Paire (le), ham., com. de Moyenmoutier, 351.
Paire (le) ham., com. de Taintrux, 585.
Paire-et-Grandrupt (le), canton de Saint-Dié, 439.
Pajaille, ham., com. d'Etival, 345.
Pallegney, canton de Châtel, 1869, 79.
Pange, ch.-l. de canton, arr. Metz, 493.
Pannes, canton de Thiaucourt (Meurthe), 2018.
Parey-Saint-Césaire, canton de Vézelise, 23, 1761.
Parey-sous-Montfort, canton de Bulgnéville, 922.
Parfondrupt, canton d'Etain (Meuse), 541, 2017.
Pariée (la), ham., com. de Lusse, 582, 415.
Parroy, canton de Lunéville-Sud-est, 209, 224.
Passavant, canton de Jussey (Haute-Saône), 1105.
Passoncourt, ham., com. de Rehaincourt, 1803.
Peccaviller, ham., com. du Syndicat-de-Saint-Amé[1], canton de Remiremont, 744, 825.
Pêcherie (la), ham., com. de Saint-Dié, 317.
Pellière (la), ham., com. de Clefcy, 322.
Perl ou Niederperl, canton de Saarburg (Pr.), 1288.
Petit-Eberswiller, vil., com. de Macheren, 2243.
Petite-Fosse (la), canton de Saales (Vosges), 389.
Petite-Rosselle, canton de Forbach, 1725.

1. Bugnon indique Peccaviller, du ban de Vagney, et Peccaviller, grange des Arrentés de même nom, ban de Vagney.

Petit-Rederching, canton de Rohrbach, 2168.

Petit-Rombach, ham., com. de Sainte-Croix-aux-Mines, 2129.

Petit-Tenquin[1], canton de Grostenquin, 2197.

Pévange, canton de Château-Salins, 1706.

Phalsbourg, ch.-l. de canton, arr. Sarrebourg, 2252, 2555.

Piblange[2], canton de Boulay, 1284, 97.

Pierrefitte, canton de Darney, 1058.

Pille (la), ham., com. de Vioménil, 1084.

Pierrefort, chât., com. de Martincourt, 104.

Pierrepont, canton de Bruyères, 599.

Pierreville, canton de Vézelise, 22.

Pirmasens, ch.-l. de canton (Bav.), 2210.

Pixerécourt, canton de Nancy-Est, 75.

Plainfaing, canton de Fraize, 449.

Planois, ham., com. de Basse-sur-le-Rupt, canton de Saulxures (Vosges), 744, 821.

Platenges, fief du bailliage d'Apremont, 2019.

Plombières, ch.-l. de canton, arr. Remiremont, 715, 803, 2443.

Poirie (la), cense, com. de Tendon, 705.

Poirie (la), ou les Arrentés de la Poirie, au ban de Vagney, nom donné autrefois à des habitations situées « sur les villages » de Tendon et de Longchamp (B.), différentes des autres localités du même nom, 825.

Poirie (la), ham., com. de Saulxures, même canton (Vosges), 742.

Poirie (la), ham., com. de Dommartin, 752, 844.

---

1. On a mis *Teutschen* au lieu de *Tentschen*.
2. Désigné sous la double dénomination de Bublingen et Publingen.

Pomern, prévôté de Sierck, 1341.

Pompey, canton de Nancy-Nord, 88.

Pompierre, canton de Neufchâteau, 124.

Pont, ham., com. de Dommartin (Remiremont), 773.

Pont-de-Pierre (le), ham., com. de Bellefontaine, 713.

Pontigny, vil., com. de Condé, 1384.

Pont-Jeanson (le), ham., com. de Bellefontaine, 712.

Pont-lez-Bonfays, canton de Darney, 985.

Pontpierre, canton de Faulquemont, 2271.

Pont-Saint-Vincent, canton de Nancy-Ouest, 128, 2348.

Pont-sur-Madon, canton de Charmes, 952.

Pont-sur-Meuse, canton de Commercy[1], 2016, 20, 21.

Portieux, ferme (jumenterie), com. de Rosières-aux-Salines, 148.

Portieux, canton de Charmes, 1799.

Poullières (les), canton de Brouvelieures, 622, 652.

Pournoy-la-Chétive, canton de Verny (Moselle), 546.

Poussay, canton de Mirecourt, 914, 2406.

Pouxeux, canton de Remiremont, 693.

Praye, canton de Vézelise, 1743.

Pré-Derrière, ham., com. du Ménil (Ramonchamp), 848.

Prelle (la), ham., com. de Vagney[2], 736, 827.

Prény, canton de Pont-à-Mousson (Meurthe), 522, 2299.

Prey, canton de Bruyères, 608.

Provenchères, canton de Saales (Vosges), 376, 411.

Pubas, ham., com. de Basse-sur-le-Rupt, canton de Saulxures (Vosges), 728, 735.

---

1. Les art. 2016 et 2021, mentionnant tous sur Pont-sur-Meuse, font évidemment double emploi ; Pont-lez-Mescrignes (art. 2020) paraît être aussi la même localité que la précédente : Mécrin et Pont-sur-Meuse sont voisins.

2. Outre ce hameau, il y avait, sur le ban de Vagney, une grange ou cense aussi du nom de *Presle* (B.).

Pulligny, canton de Vézelise, 72.
Pulney, canton de Colombey, 1784.
Pulnoy, canton de Nancy-Est, 21.
Puttegney, ham., com. d'Harol, 994.
Puttelange-lès-Sarralbe[1], canton de Sarralbe, 1651. 2341.
Puttigny, canton de Château-Salins, 479.
Puxe, l'un des ham. formant la com. de Lalœuf, canton de Vézelise, 1762.
Puzieux, canton de Mirecourt, 907.

Q

Québrux, ham., com. de Laveline, 298, 425.
Quessonviller, anciennes granges, com. de Celles, 775.
Quevilloncourt, canton de Vézelise, 1779.

R

Racécourt, canton de Dompaire, 963.
Racrange, canton de Grostenquin, 1649, 1704.
Rainville, canton de Châtenois, 1124, 61.
Rambucourt, canton de Saint-Mihiel (Meuse), 2022.
Ramecourt[2], canton de Mirecourt, 908, 936, 945.

---

1. Il y a, au Trésor des Chartes, un tableau, de plusieurs mètres de superficie, intitulé : Comté de Puttelange, où se trouvent les noms des seigneurs du comté et des lieux qui le composaient, avec l'indication des collateurs des paroisses, des terres, forêts, droits et rentes appartenant aux seigneurs, du nombre d'habitants de chaque village, des bêtes tirantes, etc. Ce tableau a été fait, en 1759, par Léopold Bexon, lieutenant général et subdélégué de l'intendance au bailliage de Sarreguemines.

2. Il y a certainement des erreurs dans l'orthographe des mots Romecourt et Remecourt, qui doivent s'appliquer à Ramecourt ou à Remicourt (voy. ce mot).

Rammelfangen, vil., com. d'Ihn, 1414.

Ramonchamp, ch.-l. de canton, arr. Remiremont, 764.

Rancourt, canton de Vittel, 986, 1031.

Ranfaing, ham., com. de Saint-Nabord, 696.

Rantschidt (et non Raudtschidt), office de Schambourg[1]. 1562.

Ranschborn, gagnage de la seigneurie de Bitche, 2218.

Raon-aux-Bois, canton de Remiremont, 779, 812.

Raon-l'Etape, ch.-l. de canton, arr. Saint-Dié, 509, 514, 2296, 2468.

Rapey, canton de Charmes, 888.

Rappweiler, vil., com. de Weiskirchen, canton de Merzig, 1555.

Raulecourt, canton de Saint-Mihiel (Meuse), 2024.

Raumont, ham., com. de Laveline, 420.

Raves, canton de Saint-Dié, 434.

Raville, canton de Lunéville-Nord, 227.

Razey, ham., com. de Xertigny, 867.

Rebeuville, canton de Neufchâteau, 1198.

Reblangotte, ham., com. de Charmois-l'Orgueilleux, 997.

Rech, vil., com. de Hilbringen, 1450.

Rech, ham., com., de Sarralbe, 2156.

Reclonville, canton de Blâmont, 2073.

Regnéville, canton de Monthureux-sur-Saône, 1104.

Regney, canton de Dompaire, 953.

Regniéville, canton de Thiaucourt (Meurthe), 106, 116, 530.

Rehaincourt, canton de Châtel, 1797.

Rehainviller, canton de Gerbéviller, 239.

---

[1]. Nous ne trouvons de correspondant que Rascheid, vil., com. de Hermeskeil, canton de Trèves landfr.

Rehaupal, canton de Corcieux, 620, 648.
Rèhéray, canton de Baccarat (Meurthe), 2097.
Reherrey, ham., com. de Dommartin, 754.
Rehlingen, canton de Saarlouis (Pr.), 1413, 42.
Reillon, canton de Blâmont, 2061, 78.
Reimsbach, vil., com. de Haustadt, canton de Merzig, 1419, 33.
Relanges, canton de Darney, 1094, 2462.
Relincourt, ham., com. de Spada, 1906, 17.
Remanvillers, ham., com. de Ferdrupt, 758.
Rembaville, vil., com. de Corcieux, 669.
Rémelange, ham., com. de Fameck, canton de Thionville (Moselle), 2023.
Rémelfang, canton de Bouzonville, 1388.
Rémelfing, canton de Sarreguemines 1584.
Rémeling, canton de Sierck, 1213.
Remémont, ham., com. d'Entre-deux-Eaux, 361.
Réménauville[1], canton de Thiaucourt (Meurthe), 107, 115.
Rémenoville, canton de Gerbéviller, 193.
Rémering, canton de Sarralbe, 1666.
Rémering, canton de Bouzonville, 1673.
Remicourt, ham., com. de Villers-lès-Nancy, 24, 74.
Remicourt, canton de Mirecourt, 939.
Remiremont, ch.-l. d'arr. (Vosges), 770, 2373, 2404.
Remois, canton de Châtenois, 119, 1158.
Remoiville (?), canton de Montmédy[2] (Meuse), 2023.
Remomeix, canton de Saint-Dié, 328.
Remoncourt, canton de Vittel, 901, 923.
Remoncourt, canton de Blâmont, 2062.
Removille, canton de Châtenois, 1165.

1. On a mis Reménoville pour *Reménouville*.
2. *Ruines de la Meuse*, t. III, p. 347.

Renauvoid, canton d'Epinal, 1008, 56.

Rennegoutte, vil., com. de Corcieux, 594, 631.

Repaix, canton de Blâmont, 2056.

Repas (le), ham., com. de Wisembach, 276.

Repel, canton de Mirecourt, 1769.

Ressoncourt, ham., com. de Rambucourt. 2026.

Rethel, canton de Sierck, 1215, 2487.

Reyerswiller, canton de Bitche, 2147.

Rhodes, canton de Sarrebourg, 1648.

Richardménil, canton de Saint-Nicolas, 25.

Riche, canton de Château-Salins, 1707.

Richecourt, canton de Saint-Mihiel (Meuse), 2027.

Richeling ou Richling, canton de Sarralbe, 1654.

Riedelberg, canton d'Hornbach (Bav.), 2204.

Rimling, canton de Volmunster, 2160.

Rinting, ferme (couvent), com. de Bébing, canton de Sarrebourg, 2102, 2421.

Riol (?), vil., com. de Longuich, canton de Trèves, 1342.

Ripplingen, vil., com. de Hilbringen, 1449.

Ritzing, canton de Sierck, 1328.

Robache, ham., com. de Saint-Dié, 318.

Robécourt, canton de Lamarche (Vosges), 2482.

Roche (la), section de la com. de Rupt, 757, 840.

Rochesson, canton de Saulxures (Vosges), 740, 819.

Rodalbe, canton d'Albestroff (Meurthe), 1712.

Rodelach, vil., com. de Bibiche, 1277.

Roden, vil., com. de Fraulautern, 1407, 35.

Rohr, ham. absorbé par la ville de Bitche (Th.), 2142.

Rohrbach, ch.-l. de canton, arr. Sarreguemines, 2183.

Rolbing, canton de Volmunster, 2188.

Rollainville, canton de Neufchâteau, 1141.

Rolling, canton de Volmunster, 1586.

Romain, canton de Bayon, 195.

Romont, canton de Rambervillers (Vosges), 192, 2444.

Ronchière (la), verrerie, office de Darney, 1053.

Roncourt, canton de Bulgnéville, 1200.

Roppwiller, canton de Bitche, 2159.

Rorbach, canton de Dieuze, 1631.

Rosbruch, canton de Forbach, 1556.

Rosière (la) ou Larosière, ham., com. de la Chapelle, 604.

Rosières-aux-Salines canton de Saint-Nicolas, 144, 2295.

Rosières-en-Haye, canton de Domèvre (Meurthe), 105.

Rouaux (le), ham., com. du Ban-de Sapt, canton de Senones, 590.

Rouceux, canton de Neufchâteau, 1127.

Rougeville, ham., com. de Taintrux, 387.

Roulier (le), ham., com. d'Hadol, 692.

Roulier (le), canton de Bruyères, 626, 642.

Roupeldange, canton de Boulay, 1362.

Rouveroye, cense, com. de Saint-Nabord, 699.

Rouvres-en-Xaintois, canton de Mirecourt, 1145, 1790.

Rouvres-la-Chétive, canton de Châtenois, 125.

Rouvrois-sur-Meuse, canton de Saint-Mihiel, 1884, 2530.

Roville, canton d'Haroué, 44.

Royaumeix, canton de Domèvre (Meurthe), 2028.

Rozelieures canton de Bayon, 194, 1817.

Rozérieulles, canton de Gorze (Moselle), 2029.

Rozerotte, canton de Vittel, 958.

Rualmont, ban de Clefcy, prévôté de Saint-Dié, 503.

Ruchlingen, vil. détruit, près de Spickeren, 1728.

Rudling, ham. com. de Sierck (?), 1543.

Rue-devant-Dompaire (la), prévôté de Dompaire, 1049[1].

1. Ni la Rue-devant-Dompaire, ni le Val-devant-Dompaire (voy.

Ruelle (la), mairie de Meurthe, prévôté de Saint-Dié, 370.
Rue-sous-Harol (la), ham., com. d'Harol, 995.
Rugney, canton de Charmes, 870.
Rupt, canton de Ramonchamp, 754, 858.
Rupt-lès-Moivron, ham., com. de Villers-lès-Moivron, 499.
Rustroff, canton de Sierck, 1534, 2420.
Ruxurieux, vil., com. de Corcieux, 668.

S

Saarecke, moulin et chât., com. d'Oberstinzel, 2140.
Saarwellingen[1], canton de Saarlouis (Pr.) 1405.
Sachemont, ham., com. de Clefcy, 305, 320.
Sadey, ham., com. de la Croix-aux-Mines, 296, 404.
Saffais, canton de Saint-Nicolas, 196.
Safframénil, ham., com. d'Uriménil, 980.
Saizerais[2], canton de Domèvre (Meurthe), 90, 91.
Salival, canton de Château-Salins, 2392.
Salle (la), canton de Saint-Dié, 341.
Salonne, canton de Château-Salins, 456, 467, 2302, 2431.
Saltzbronn, ham. et saline, com. de Sarralbe, 2138.
Sanbach[3] (et non Sambach), office de Schambourg, 1491.
Sanchey, canton d'Epinal, 976.
Sandaucourt, canton de Bulgnéville, 1170, 2318

ci-près) ne sont indiqués dans Bagnon. Il est probable que ces hameaux furent réunis à la ville de Dompaire.

1. On a imprimé Sahywellingen au lieu de *Sahrwellingen*.
2. Commune formée des deux villages de Saizerais-Saint-Georges et Saizerais-Saint-Amand.
3. Saubach, hameau de la mairie de Bettingen (D.).

Sanzey, canton de Toul-Nord, 551, 2038.

Sapois, canton de Saulxures (Vosges), 818.

Sarralbe, ch.-l. de canton, arr. Sarreguemines, 2135, 2351.

Sarraltroff, canton de Fénétrange (Meurthe), 2111.

Sarrebourg, ch.-l. d'arr. (Meurthe), 352, 371, 470, 483.

Sarreguemines, ch.-l. d'arr. (Moselle), 1567, 2337.

Sarreinsming, canon de Sarreguemines, 1581.

Sartes, canton de Neufchâteau, 126.

Sauceray, ham., com. de Saint-Michel, 539.

Saulcy, canton de Saint-Dié, 571.

Saulrupt (le), écart (chât.), com. de Nancy, 4.

Saulx, section de la com. de Rupt, 760.

Saulx-en-Voëvre, canton de Fresnes-en-Voëvre (Meuse), 1891.

Saulxerotte, canton de Colombey, 1756.

Saulxures-lez-Bulgnéville, 1147.

Saulxures-lès-Nancy, canton de Nancy-Est, 78.

Saulxures-lès-Vannes, canton de Colombey, 576.

Sautelz (le), cense, com. d'Hadol, 691.

Savigny, canton de Charmes, 887.

Savonnières-en-Voëvre, canton de Vigneulles, 1908.

Saxon, canton de Vézelise, 1787.

Scarupt, ham., com. de Fraize, 365, 448.

Schaumberg, ferme (chât.), com. de Tholey, 1467.

Scharhmorther, prévôté de Sierck, 1303.

Schellembach[1], office de Schambourg, 1477, 1512, 39.

Scheuern, v^{il}., com. de Tholey, 1500.

Schmalenthal, ham. détruit, com. de Bærenthal, canton de Bitche (Th.), 2189.

---

1. Schellembach, ham. de la mairie d'Exweiler (D.). Cette dernière commune s'appelle aujourd'hui Thalecksweiler.

Schorbach, canton de Bitche, 2143.

Schweix, canton de Pirmasens, 2157.

Scie-Brabant (la), ham. (verrerie), com. de Claudon. 1089.

Shweich-Haussen. Voy. Wach-Haussen.

Schwemmlingen, vil., com. de Hilbringen, 1452.

Schwerdorff, canton de Bouzonville, 1324.

Schweyen, ham., com. de Loutzwiller, canton de Volmunster, 2229.

Séchamps, canton de Nancy-Est, 76.

Sehndorf, vil., com. de Perl, 1289.

Seicheprey, canton de Thiaucourt (Meurthe), 2039.

Seingbousse, canton de Saint-Avold, 2254.

Selaincourt, canton de Colombey, 559.

Seilbach, office de Schambourg[1], 1565.

Senade, ham., com. d'Hadol, 690.

Senenne, ham. (verrerie), com. de Claudon, 1076.

Senones, ch.-l. de canton, arr. Saint-Dié, 2386.

Senonges, canton de Darney, 1070.

Senonville, canton de Vigneulles, 1907, 17.

Séranville, canton de Gerbéviller, 200.

Sercœur, canton de Châtel, 1850.

Serres, canton de Lunéville-Nord, 257, 2472.

Seux, ham., com. de Saint-Etienne, 718.

Seuzey, canton de Vigneulles, 1894.

Sexey-aux-Forges, canton de Toul-Nord, 554.

Sexey-les-Bois, canton de Toul-Nord, 579.

Sierck, ch.-l. de canton, arr. Thionville (Moselle), 1204, 2331.

---

1. Selbach, sur la carte de la Moselle (1790), près de Gronig.

Sierck-Haute, vil., com. de Kerling-lès-Sierck, 1209.

Siersberg, chât.[1], entre les villages de Siersdorf et de Reblingen, 1410.

Siersdorf (Sistroff), vil., com. de Rehlingen, 1415.

Siersthal, canton de Rohrbach, 2179.

Silvingen, vil., com. de Hilbringen, 1451.

Sinzey, vil. détruit, entre Repaix et Igney, 2085.

Sion, écart, église et couvent, com. de Saxon, 1770.

Sionviller[2], canton de Lunéville-Sud-est, 211, 232.

Socourt, canton de Charmes, 875, 885.

Sommerécourt, canton de Bourmont (Haute-Marne), 1189.

Sommerviller, canton de Lunéville-Nord, 45.

Sornéville, canton de Château-Salins, 472.

Sotzeling, canton de Château-Salins, 1612, 1710.

Sotzweiler, vil., com. de Tholey, 1499, 1514, 48.

Souche (le), ham., com. d'Anould, 287.

Souche (le), ham., com. de Clefcy, 521.

Soulosse, canton de Coussey, 1184.

Soulzbach, canton de Munster (Haut-Rhin), 2122.

Souveraincourt, l'un des ham. formant la com. de Laloeuf, canton de Vézelise, 1764.

Spada, canton de Saint-Mihiel (Meuse), 1903, 15.

Spadanges, ban d'Anould, prévôté de Saint-Dié, 285.

Spickeren ou Speicheren, canton de Forbach, 1727.

Spitzemberg, chât. détruit, près de la Petite-Fosse, 2152.

---

1. Il est indiqué sur la carte de Cassini et sur celle de l'Etat-major. Le château de Siersberg, dit Durival, fut pris la dernière fois par le maréchal de la Ferté. Il etait de la paroisse d'Irtzbach, diocèse de Trèves.

2. Le ms. porte Séonviller et *Seronviller* ; ce dernier mot est évidemment mal écrit.

Sponville, canton de Gorze (Moselle), 2041.

Stanwenstein, gagnage de la seigneurie de Bitche, 2219.

Steinbach, vil., com. d'Eppelborn[1], 1475, 1537, 38.

Stoncourt, ham., près de Villers-Stoncourt, 506.

Sturzelbronn, canton de Bitche, 2201, 2403.

Suisse (Haute et Basse), canton de Grostenquin (Moselle), 512.

Sybille (la), ham. (verrerie), com. de Claudon, 1077.

Saint-Agnant, canton de Saint-Mihiel (Meuse), 1920.

Saint-Amé[2], canton de Remiremont, 723, 781.

Saint-Aubin, canton de Commercy, 142, 2030.

Saint-Avold, ch.-l. de canton, arr. Sarreguemines, 2240, 67, 2355, 2402.

Saint-Baslemont, canton de Darney, 1111.

Saint-Baussant, canton de Thiaucourt (Meurthe), 2031.

Saint-Benoit, canton de Vigneulles, 1911, 2395.

Saint-Blaise, ham., com. de Moyenmoutier, 349.

Saint-Boing, canton de Bayon, 1809.

Saint-Dié, ch.-l. d'arr. (Vosges), 273, 513, 2297, 2361.

Saint-Don, anc. prieuré, près de Dombasle, 36, 2426.

Saint-Elophe, canton de Coussey, 1180.

Saint-Epvre, faubourg de Toul (vil. et abbaye), 552, 2393.

Saint-Etienne, canton de Remiremont, 724, 777.

Saint-Firmin, canton d'Haroué, 886, 892.

---

1. Ce village, qui dépendait de la mairie d'Exweiller (Thaleckweiler), se composait, dit Durival, de deux hameaux, appelés le Haut (Ober) et le Bas (Nieder). — Il y a aussi un village de Steinbach, com. de Saint-Wendel.

2. Il y a, par erreur, dans le ms., Sainct-Avet, et plus loin Sainct-Amet.

Saint-Gangolph[1], église et presbytère, com. de Besseringen, 1427.

Saint-Genest, canton de Rambervillers (Vosges), 1855.

Saint-Germain, canton de Bayon, 1814, 21, 23, 38.

Saint-Gorgon, canton de Rambervillers (Vosges), 1859.

Saint-Hippolyte, canton de Schlestadt (Bas-Rhin), 2120, 2347.

Saint-Jean, ham. (commanderie), com. de Nancy, 2476.

Saint-Jean-d'Ormont, canton de Senones, 450.

Saint-Jean-du-Marché, canton de Bruyères, 679.

Saint-Jean-lès-Buzy, canton d'Etain (Meuse), 540.

Saint-Jean-Pierrefort, ham., com. de Martincourt, 100.

Saint-Jean-Rohrbach, canton de Sarralbe, 1613.

Saint-Julien, canton de Commercy, 2033.

Saint-Jure, canton de Verny (Moselle), 2032.

Saint-Laurent, canton d'Epinal, 982.

Saint-Léonard, canton de Fraize, 367, 406.

Saint-Mard, canton de Bayon, 197.

Saint-Martin, canton de Blâmont, 2076.

Saint-Maurice, canton de Rambervillers (Vosges), 199.

Saint-Maurice, canton de Ramonchamp, 768, 851.

Saint-Maurice, canton de Baccarat (Meurthe), 2083.

Saint-Maurice-sous-les-Côtes, canton de Vigneulles, 1910.

Saint-Max, canton de Nancy-Est, 75.

Saint-Médard, canton de Dieuze, 2289.

Saint-Menge, canton de Mirecourt, 1168.

Saint-Mont (le), anc. prieuré, près de Remiremont, 771, 2440.

---

1. Saint-Gangolff, dit Bugnon, est une église paroissiale de plusieurs villages. Cette église est comme seule, à une demi-heure de Monclair.

Saint-Nabord, canton de Remiremont, 815.

Saint-Nicolas, ch.-l. de canton, arr. Nancy, 2, 2292. 2484.

Saint-Paul, canton de Châtenois, 1130, 40.

Saint-Pierremont, canton de Rambervillers (Vosges). 191.

Saint-Prancher, canton de Mirecourt, 1126.

Saint-Prayel, ham., com. de Moyenmoutier, 380.

Saint-Privat, vil., com. de Montigny-lès-Metz, 3e canton de Metz, 2035.

Saint-Privat-la-Montagne, canton de Briey (Moselle), 1989.

Saint-Remimont, canton d'Haroué, 77.

Saint-Remimont, canton de Bulgnéville, 1155, 55.

Saint-Remy, canton de Raon-l'Etape, 342.

Saint-Remy, canton de Fresnes-en-Voëvre (Meuse), 1892.

Saint-Remy-aux-Bois, canton de Bayon, 149, 1806.

Saint-Sauveur, canton de Lorquin (Meurthe), 2071, 2382[1].

Saint-Vallier, canton de Dompaire, 1057.

Sainte-Croix-aux-Mines, canton de Sainte-Marie-aux-Mines, 2125.

Sainte-Geneviève, canton de Pont-à-Mousson (Meurthe), 99.

Sainte-Hélène, canton de Bruyères, 1856.

Sainte-Marguerite, canton de Saint-Dié, 282, 525.

Sainte-Marie, vil. détruit, près de Barbonville[2], 198.

Sainte-Marie-au-Bois, ferme (abbaye), com. de Vilcey-sur-Trey, 552, 2394.

---

1. L'abbaye que mentionne le président Alix, avait été transférée à Domèvre-sur-Vezouse.

2. Est indiqué par Bugnon comme cense dépendant de Barbonville.

Sainte-Marie-aux-Chênes, canton de Briey (Moselle), 2034.

Sainte-Marie-aux-Mines, ch.-l. de canton, arr. Colmar (Haut-Rhin), 2127, 2546.

Sainte-Ruffine, canton de Gorze (Moselle), 2036.

T

Taintrux, canton de Saint-Dié, 385.
Tannoy, canton de Ligny (Meuse), 2042.
Tantonville, canton d'Haroué, 1775.
Tarquimpol, canton de Dieuze, 1594.
Tatignécourt, ham., com. de Velotte, 975, 1016.
Tendon, canton de Remiremont, 704.
Tensch, ferme et moulin, com. de Grostenquin, 1635.
Tenteling, canton de Forbach, 1577, 85.
Terre Faulquet (la), mairie de Sainte-Marguerite, prévôté de Saint-Dié, 329.
Téterchen, canton de Boulay[1], 1567, 1698, 2264, 2422.
Téting, canton de Faulquemont, 2257, 70.
Titting, ham., com. de Holling, 1386.
Thalecksweiler, vil., com. d'Eppelborn, 1498, 1513, 36.
Thalfröschen[2], canton de Pirmasens, 2210.
Thanvillé, canton de Villé (Bas-Rhin), 417.
Thaon, canton de Châtel, 1847.
Théding, canton de Forbach, 1555
Theley, vil., com. de Tholey, 1474, 1504, 55.
Thelod, canton de Vézelise, 1775, 2575.
They, canton de Vézelise, 1751, 91.
They-sous-Montfort, canton de Vittel, 918.

1. Est indiqué dans les offices de Boulay, Berus et Saint-Avold.
2. De cette commune dépend Hobfröschen.

Thicourt, canton de Faulquemont, 491, 2459.
Thiébauménil, canton de Lunéville-Sud-est, 254.
Thiélouze, ham., com. d'Uzemain, 1028.
Thiétry, ham., com. d'Hennezel, 1071.
Thimonville, canton de Pange, 501.
Thiraucourt, canton de Mirecourt, 947.
Thiriville, ham., com. de Vienville, 596.
Thisserandie (la), ban d'Etival[1], prévôté de Saint-Dié, 333.
Tholey, canton d'Ottweiler (Pr.), 1468, 1503, 2398.
Tholoy, ham. (verrerie), com. de Vioménil, 1086.
Thomas[2], ham. (verrerie), com. de Claudon, 1078.
Thonville, canton de Faulquemont, 514.
Thorey, canton de Vézelise, 1754.
Thuilley-aux-Groseilles, canton de Colombey, 564.
Thunimont, ham., com. de Harsault, canton de Bains, 999.
Tigéville, nom donné autrefois au village construit au pied du château d'Apremont, 1919.
Tilleux, canton de Neufchâteau, 1192.
Tomblaine, canton de Nancy-Ouest, 80.
Tonnoy, canton de Saint-Nicolas, 201.
Torcheville, canton d'Albestroff (Meurthe), 1618.
Torchon (le), ham. (verrerie), com. d'Hennezel, 1075.
Totainville, canton de Mirecourt, 1148.
Toul, ch.-l. d'arr. (Meurthe), 2359.
Tritteling, canton de Faulquemont, 1721.
Tromborn, canton de Bouzonville, 1674.
Trémonzey, canton de Bains, 857.

---

1. Bugnon indique le *Trexirot* ou *Trouchirot*, cense du ban d'Etival.

2. Saint-Vaubert, dit Thomas (B.).

Trois-Bans (les), ham. (verrerie), com. de Claudon, 1092.

Trois-Maisons, ham., com. de Lusse, 416.

Trouche (la), ham., com. de Laveline[1], 295, 422.

Trouche (la), ham., com. de Raon-l'Etape, 312.

Trougemont, ham., com. de Basse-sur-le-Rupt, canton de Saulxures, 737.

Trulben, canton de Pirmasens, 2154.

Tünsdorf (Tunstroff), vil., com. d'Orscholz, canton de Saarburg (Pr.), 1318.

Tünting, vil., com. de Manderen, canton de Sierck, 1239.

U

Ubexy, canton de Charmes, 890.

Urbach, vil., com. d'Epping, 2165.

Urcourt, ham., com. de Bruville, canton de Conflans (Moselle), 1969.

Urexweiler, vil., com. d'Alsweiler, 1547.

Uriménil, canton de Xertigny, 807.

Uxegney, canton d'Epinal, 975.

Uzemain[2], canton de Xertigny, 810, 1026.

V

Vacherauville, canton de Charny (Meuse), 2045.

Vagney, canton de Saulxures, 725, 726, 816.

Vahl, canton d'Albestroff (Meurthe), 1617.

Vahl-Ebersing, canton de Grostenquin, 2248.

Vahl-lès-Faulquemont, canton de Faulquemont, 1718.

Valaincourt, ham., com. de Châtenois, 1122.

1. Anciennement la *Treixe* et non la *Treize*, comme on a imprimé par erreur (n° 295).

2. Les deux villages d'Uzemain (Uzemain-la-Forge et Uzemain-la-Rue), autrefois séparés, ont été réunis en une seule commune en 1839.

Val-devant-Dompaire[1] (le), prévôté de Dompaire, 949.
Valdweistroff, canton de Sierck, 1211, 45.
Valdwisse, canton de Sierck, 1333.
Valfroicourt, canton de Vittel, 1000.
Valhey, canton de Lunéville-Nord, 226.
Vallerange, canton de Grostenquin, 1606.
Valleroy, canton de Briey (Moselle), 2045.
Valleroy-aux-Saules, canton de Mirecourt, 1042.
Valleroy-le-Sec, canton de Vittel, 970.
Vallois, canton de Gerbéviller, 203.
Vallois (les), canton de Darney, 1067.
Valmont, canton de Saint-Avold, 2281.
Valmunster, canton de Boulay, 1391.
Val-Sainte-Marie, seigneurie à Ville-au-Val, canton de Pont-à-Mousson (Meurthe), 2044.
Valtin (le), canton de Fraize, 452.
Vandelainville, canton de Thiaucourt (Meurthe), 523.
Vandeléville, canton de Colombey, 1772, 84, 2450.
Vandœuvre, canton de Nancy-Ouest, 27, 2427.
Vanémont, ham., com. de Saint-Léonard, 366.
Vandières, canton de Pont-à-Mousson (Meurthe), 525, 548.
Vanifosse, ham., com. du Paire-et-Grandrupt, 525, 577.
Vannecourt, canton de Château-Salins, 469.
Vannes-le-Châtel, canton de Colombey, 573.
Varangéville, canton de Saint-Nicolas, 26, 46, 2425.
Varize, canton de Boulay, 1366, 82.
Varmonzey, canton de Charmes, 1035.
Varsberg, canton de Boulay, 1378.
Varvinay, canton de Vigneulles, 1904.

1. Bugnon dit que le faubourg de Dompaire faisait partie du ban de Nadonne, et il ajoute : il y a un fief situé au *Val de dessous*. — Voy. Rue-devant-Dompaire.

Vathimont, canton de Faulquemont, 502.

Vaubexy, canton de Dompaire, 1036.

Vauchères, ham., com. d'Anould, 288.

Vaucremont, vil., com. de Bazoncourt, canton de Pange, 503.

Vaudémont, canton de Vézelise, 1738, 2321, 64.

Vaudeville, canton d'Haroué, 79.

Vaudéville, canton d'Epinal, 1871, 81.

Vaudigny, canton d'Haroué, 81.

Vaux, canton de Gorze (Moselle), 2046.

Vaux-la-Grande, canton de Void, 158.

Vaux-la-Petite, canton de Void, 159.

Vaxoncourt, canton de Châtel, 1868, 78.

Vaxy, canton de Château-Salins, 476.

Veckring(?), vil., com. de Budling, canton de Metzerwisse, 1225.

Vecoux, ham., com. de Dommartin, 755.

Velaine-en-Haye, canton de Nancy-Nord, 578.

V de, l'un des ham. formant la com. de Lalœuf, canton de Vézelise, 1765.

elle-sur-Moselle, canton de Bayon, 202.

Velotte-et-Tatignécourt, canton de Dompaire, 959.

Velupaire, ham., com. de Laveline, 424.

Velving (?), ham., com. de Valmunster, 1594, 1681.

Vennezey, canton de Gerbéviller, 150, 161.

Ventron, canton de Saulxures, 835.

Verconroye, cense, com. de Saint-Nabord, 697.

Verdenal[1], canton de Blâmont, 247.

Verdun, ch.-l. d'arr. (Meuse), 2360.

Vergaville, canton de Dieuze, 1638, 2339, 2409.

1. Le ms. porte Vardenay ou Vardevay, avec un *u* pour le *v*.

Verpellière (la), ham., com. de Laveline, 280, 299, 426.
Verrières-d'Onzaines (les), vil., com. de Hadigny, 1811, 26.
Vertuzey, canton de Commercy, 2048.
Vervezelle, canton de Brouvelieures, 676.
Vézelise, ch.-l. de canton, arr. Nancy, 1759, 2522.
Vézeval, anc. ham., communauté de Raon-l'Etape (D.), 311.
Vic (le), ham., com. de Ban-sur-Meurthe, canton de Fraize, 289, 306.
Vichibure, vil., com. de Corcieux, 618, 667.
Vienville, canton de Corcieux, 614.
Viéville, ham., com. de Girecourt-lez-Viéville, 891, 920, 943.
Viéville-en-Haye, canton de Thiaucourt (Meurthe), 533.
Viéville-sous-les-Côtes, canton de Vigneulles, 1900.
Vigneules, canton de Bayon, 204.
Vigneulles-Haute[1], canton de Faulquemont, 2260, 83.
Vigneulles-lès-Hattonchâtel, ch.-l. de canton, arr. Commercy, 1888, 2047.
Vignot, canton de Commercy, 154, 2345.
Ville-au-Val, canton de Pont-à-Mousson (Meurthe), 2049.
Vilcey-sur-Trey, canton de Thiaucourt (Meurthe), 534.
Villacourt, canton de Bayon, 1812, 28, 55.
Villard, ham., com. de Circourt, 1193.
Villecey-sur-Mad, canton de Gorze (Moselle), 528.
Ville-en-Vermois, canton de Saint-Nicolas, 28.
Viller, faubourg de Lunéville (vil.), 257.
Viller (le), ham., com. de Saint-Dié, 315.
Viller, ferme (cense-fief), com. d'Assenoncourt, 1614.

1. Haute-Vigneulle ou *Oberfilen* (B. et Vir.).

Viller, canton de Grostenquin, 1715.

Villers, canton de Mirecourt, 912.

Villers-Bettnach, canton de Vigy (Moselle), 1285, 2397.

Villers-en-Haye, canton de Domèvre (Meurthe), 108.

Villers-le-Prud'homme, éc. et chap., com. de Ville-au-Val, 2050.

Villers-lès-Moivron, canton de Nomeny (Meurthe), 460.

Villers-lès-Nancy, canton de Nancy-Nord, 29.

Villers-sous-Prény, canton de Pont-à-Mousson (Meurthe), 551.

Villers-Stoncourt, vil., com. de Chanville, canton de Pange, 507.

Ville-sur-Illon, canton de Dompaire, 1032, 2319.

Ville-sur-Madon, ham., com. d'Ormes, 83.

Villette au val Sainct-Grégoire[1], 2121.

Villey-le-Sec, canton de Toul-Sud, 557, 581.

Villey-Saint-Etienne, canton de Domèvre (Meurthe), 569.

Villing[2], ferme, com. de Denting, canton de Boulay, 1370, 96.

Villing, canton de Bouzonville, 1688.

Villoncourt, canton de Châtel, 630, 655, 1851.

Vilsberg, canton de Phalsbourg, 2238.

1. Nous croyons avoir commis une erreur en faisant suivre ces mots d'un numéro ; *villette* doit être pris pour un adjectif se rapportant à Soulzbach, comme l'indique l'article 2122, qui forme ainsi double emploi avec le précédent. Il faut lire : Sultzbach, villette, etc. — Le val Saint-Grégoire n'est autre, probablement, que le val de Munster, dont l'ancienne abbaye s'appelait tantôt *monasterium Confluentis* ou *Confluentii*, et *monasterium Sancti Gregorii*. (Voy. Dictionnaire topographique du Haut-Rhin, par M. Stoffel, art. Munster.) — *L'Alsace, nouvelle description*, par M. Aufinger (1826), porte : Munster au val Saint-Grégoire.

2. Il est difficile de distinguer cette localité de la suivante, d'après les dénominations anciennes.

Viménil, canton de Bruyères, 584, 635.

Vincey, canton de Charmes, 877, 1861, 73.

Vintrange, ham., com. de Berig, canton de Grostenquin. 1616.

Viocourt, canton de Châtenois, 1135, 39, 75.

Vioménil, canton de Bains, 990.

Virecourt, canton de Bayon, 160, 2478.

Virming, canton d'Albestroff (Meurthe), 1636.

Viterne, canton de Vézelise, 553.

Vitrey, canton de Vézelise, 1757.

Vitrimont, canton de Lunéville-Nord, 215.

Vittel, ch.-l. de canton, arr. Mirecourt, 925, 2316.

Vittersbourg, canton d'Albestroff (Meurthe), 1628.

Vivier (le), ham., com. d'Etival, 346.

Viviers-le-Gras, canton de Monthureux-sur-Saône, 1101.

Viviers-lez-Offroicourt, canton de Vittel, 903.

Vixard, ham., com. de Vagney, 732.

Vœlfling, canton de Bouzonville, 1692.

Void, ch.-l. de canton, arr. Commercy, 568.

Void-de-Belmont, ham., com. de Belmont (Brouvelieures), 665.

Void-de-Girancourt (le), ham., com. de Girancourt, 1024.

Void-d'Escles, ham., com. d'Escles, 988.

Voinémont, canton d'Haroué, 82.

Voivre (la), canton de Saint-Dié, 431.

Voivrelle (la), ham., com. de Remomeix[1], 327.

Volmerange, canton de Boulay, 1557, 95.

Volmunster, ch.-l. de canton, arr. Sarreguemines, 2162.

Vomécourt, canton de Charmes, 954, 1857.

---

1. Le ms. porte *Voyeresse* et non Voynresse.

Vouxey, canton de Châtenois, 1146.

Vraichamp, papeterie, com. de Docelles, 598.

Vraie-Côte (la), ham., com. de Sainte-Croix-aux-Mines, 2151.

Vroncourt, canton de Vézelise, 1778.

Vroville, canton de Mirecourt, 906.

Vuisse, canton de Château-Salins, 1611.

W

Wach-Haussen, aliàs *Schweich-Haussen*, office de Schambourg[1], 1516.

Wadrill, vil., com. de Badern, canton de Merzig, 1563.

Waldeck, ham., com. d'Eguelshardt, 2193.

Waldhausen, canton de Volmunster[2], 2152.

Wallerfangen (Vaudrevange), canton de Saarlouis (Pr.), 1400, 2533.

Walschbronn, canton de Volmunster, 2150.

Walsheim[3], canton d'Hornbach (Bav.), 2175.

Wehingen, vil., com. d'Orscholz, canton de Saarburg (Pr.), 1458, 1527.

Weidesheim, chât., ferme et moulin, com. de Kalhausen, 2222.

Weiler, vil., com. de Hilbringen, 1455.

Weillerhaws, fief de la seigneurie de Bitche[4], 2212.

Weiskirch, canton de Volmunster, 2161.

---

1. Schweigausen ne fait qu'une communauté avec Tholey (B.). — Schweihausen, cense, communauté de Tholey (D.).

2. On a imprimé Wolthaussen au lieu de *Walthaussen*.

3. Bugnon indique *Waltheim* ou *Waltzheim*, de la mairie d'Acheim (voy. ce mot).

4. Il y a Weilerhof, ham., com. d'Illingen, canton d'Ottweiler (Pr.).

Weiten, vil., com. d'Orscholz, canton de Saarburg (Pr.), 1228.
Wellingen, vil., com. de Hilbringen, 1456.
Wies, ham., com. de Nennig, 1344.
Wiesbach, vil., com. de Dirmingen, canton d'Ottweiler (Pr.), 1495.
Wieswiller, canton de Sarreguemines, 2250.
Willerville, ban d'Etival, prévôté de Saint-Dié, 535.
Winterbach[1], vil., com. d'Alsweiler, 1481, 1520, 43.
Winzeln, canton de Pirmasens, 2205.
Wisembach, canton de Saint-Dié, 275, 427.
Witring, canton de Sarreguemines, 1582.
Wochern, vil., com. de Perl, 1256, 92.
Woël, canton de Fresnes-en-Woëvre (Meuse), 1889.
Wœlfling[2], canton de Sarreguemines, 2250.

X

Xainfaing, ham., com. de Taintrux, 584.
Xammes, canton de Thiaucourt (Meurthe), 2052.
Xamontarupt, canton de Bruyères, 705.
Xaronval, canton de Charmes, 1840.
Xennois, ham., com. de Saint-Etienne, 719.
Xermaménil, canton de Gerbéviller, 261.
Xertigny, ch.-l. de canton, arr. Epinal, 858.
Xirocourt, canton d'Haroué, 84, 898.
Xivray-et-Marvoisin, canton de Saint-Mihiel (Meuse), 2040.
Xoarupt, ham., com. de Ferdrupt. 765.
Xonville, canton de Gorze (Moselle), 2053.

---

1. Ce mot est écrit de trois manières différentes dans le manuscrit.
2. Voy. la note de M. Thilloy, p. 128.

Xoulce, ham., com. de Cornimont, 833.

Xousse, canton de Blâmont, 217.

Xugney, cense (commanderie), com. de Rugney, 878. 2479.

Y

Yvoux, ham., com. de la Chapelle, 602.

Z

Zainviller, section de la com. de Vagney, 745, 826.

Zarbeling, canton de Dieuze, 1711.

Zellen, ferme (prieuré), com. de Petit-Tenquin[1], 2196, 2458.

Zeurange[2], vil., com. de Grindorff, 1247, 1345.

Zincourt, canton de Châtel, 1870, 80.

Zimmerbach, canton de Wintzenheim (Haut-Rhin), 2123.

Zinzing, vil., com. d'Alsting, 1731.

Zommange, canton de Dieuze, 1590.

Zondrange, ham., com. de Marange, 1375.

Zugmantel, chât. ruiné, près de Sainte-Croix-aux-Mines, 2125.

Zurachten, office de Schambourg, 1471, 1525.

---

1. Ou, pour le n° 2196, une des fermes de Zinzel, indiquées par Viville comme dépendant des communes d'Eguelshardt et de Sturzelbronn.

2. On a imprimé Zuzingen au lieu de *Zuringen.*

TABLE DES MATIÈRES.

Introduction.................................... v
Table des matières contenues dans le *Dénombrement*[1]... 3
Epilogue à la louange du duché de Lorraine...... 7
Blason des armes des sérénissimes ducs de Lorraine... 8
Epitre dédicatoire.............................. 8
Elogium in laudem Lothoringiæ loco coronidis. 134
Epitre dédicatoire à Son Altesse sur les discours et observations de la charte de Bitche[2]......... 136
Discours sur la charte et description du comté de Bitche... 139
Nombre des étangs du comté de Bitche.......... 143
Carpières et réservoirs......................... 143
Aires d'oiseaux étant ès forêts dudit comté de Bitche... 145
Description des limites, bornes et étendue dudit comté.. 146

1. Nous renvoyons à cette table, nous bornant à mentionner ici les parties qui n'y sont pas indiquées.

2. Le président Alix n'a pas fait figurer à sa table ce qui concerne le comté de Bitche.

Description des frontières, limites, etc., des bois et forêts dudit comté.................... 148

Châteaux et maisons fortes appartenant à Son Altesse audit comté.................... 161

Paroisses dudit comté.................... 163

De l'abbaye de Sturzelbronn.................... 165

Rivières et ruisseaux du comté de Bitche........ 168

TABLE DES FORMES ANCIENNES (précédée d'un avertissement sur la manière dont cette table et la suivante ont été rédigées).................... 175

TABLE DES NOMS DE LIEUX OU INDEX GÉOGRAPHIQUE.. 183

CORRECTIONS ET RECTIFICATIONS.

Beaucoup de fautes et d'erreurs se sont glissées dans ce volume ; les unes sont le fait de l'imprimeur, les autres le fait de celui des éditeurs qui s'était chargé de la rédaction des tables. Les erreurs portent principalement sur la partie du Dénombrement consacrée au bailliage d'Allemagne, sur lequel on manquait de documents géographiques que l'on n'a pu se procurer que postérieurement à la publication de l'ouvrage.

P. 178, 1re col., après l'art. Hoddweiller, ajoutez : Hofsteten. Hoppstaten.

Même page, 2e col., après l'art. Kostenbach, ajoutez : Krulborn. Grügelborn.

P. 180, 2e col., après Ronaycoste, ajoutez : Rantschidt. Reitscheid.

P. 182, en tête de la lettre W, mettez :

Wach-Haussen, aliàs Schweich-Haussen. Wetschhausen.

P. 184, supprimez l'art. Altscheuern, qui est remplacé par Scheuer-Hof, ci-après, p. 7.

P. 186, au lieu de Auersmarcher, lisez : *Auersmacher*.

P. 187, au lieu de Baldringen, ham. com. de Zerf, lisez : Baldringen, ham., com. de *Nieder-Zerf* (Zerf).

P. 189, après l'art. Beaupré, ajoutez le suivant, destiné à remplacer l'art. Bubingen, de la p. 194 :

Bebing, vil. détr., com. de Bousbach, 1756.

Même page, 8e ligne, au lieu de Kersbach, lisez : *Kerbach*.

P. 190, Bethingen, de la 3ᵉ ligne, doit correspondre au n° 1457, et non au 1338.

Plus bas, au lieu de *Bettingen*, ou Betting, etc., lisez, en supprimant les deux notes qui se rapportent à cet art. : Betting, vil., com. de Valdwisse, 1338.

P. 191, 7ᵉ ligne, au lieu de Ueberhern, lisez : *Ueberherrn*.

Après l'art. *Bleysspach*, placez le suivant :

Bliderdingen. Voy. Bechteldingen.

Le village de Weiersbach dont dépendait Bliderdingen ou Bliederdingen, est dans le grand duché d'Oldenbourg.

Supprimez l'art. Bliesransbach, qui doit être remplacé, à la p. 216, par l'art. Heckenransbach.

P. 192, après l'art. Bonvillet, ajoutez le suivant :

Borg, vil. com. de Perl, 1319.

Borg doit être Bury, p. 194, qui est à supprimer avec la note qui le concerne.

P. 194, *Bubingen* est Bebing mentionné ci-dessus, p. 1.

P. 195, au lieu de l'abréviation landfr., lisez : *landkreises* (c'est-à-dire *extrà muros*).

Semblable rectification à l'art. Castel, qui doit porter les n°ˢ 1469 et 1526.

Pareille rectification à l'art. Costenbach, p. 199.

P. 201, art. Dieuze, au lieu de arr. Vic, lisez : arr. *Château-Salins*.

P. 203, après l'art. Eich, ajoutez :

Eich, vil., com. de Sarralbe, 2137.

L'art. Eimersdorf, qui suit, ne doit porter que le n° 1559; le 1422 se rapporte à Kerperich-Hemmersdorf.

P. 204, 3ᵉ ligne, au lieu de Enchwiller, lisez : *Einchwiller*.

L'art. *Einweiller*, même page, doit être remplacé par le suivant, en supprimant la note qui s'y rapporte :

Eisweiler, vil., com. d'Oberkirchen, 1485, 1510, 54.

P. 206, 1re ligne, au lieu de Eich, lisez : *Eych*.

P. 210, l'art. Friedrischweiler doit être remplacé par le suivant, à placer après Fruze :

Fürschweiler, vil., com. d'Oberkirchen, 1561.

Au lieu de Gawestroff, lisez : *Gaweistroff*.

P. 212, 5e ligne, au lieu de Beltnach, lisez : *Bettnach*.

P. 213, ajoutez à l'art. Gronig le n° 1488.

Après l'art. Grosrouvre mettez le suivant :

Grügelborn (Krügelborn), vil., com. d'Oberkirchen, 1550.

P. 215, l'art. Halling doit être accompagné de cette note :

Il est vraisemblable qu'une des localités désignées sous le nom de *Hollingen*, n°s 1364 et 1387, doit être Halling, à 4 kil. S. de Boulay, tandis que Holling en est à 10 kil N.-E., entre cette ville et Berus ; ce qui autorise à affirmer que ce dernier correspond bien à Hollingen, du n° 1676, qui dépendait à la fois de Berus et de Boulay. — Quant à *Hallingen* (n° 2276), dépendant de l'abbaye de Saint-Avold, il est permis de supposer qu'il correspond à Halling, — à moins que ce ne soit à Hallering, peu éloigné de Boucheporn, dont la cure était à la collation de cette abbaye ?

P. 216, intercalez les art. suivants après Haudonville, Hazelbourg et Hellimer :

Haupersweiler, vil., com. d'Oberkirchen, 1547 (doit remplacer Urexweiler, p. 254).

Heckenransbach, ham., com. d'Ernestwiller, 1378 (au lieu de Bliesransbach).

Helstroff, canton de Boulay, 1351. (Ce numéro doit être effacé à l'art. Hestroff.)

P. 217, 21ᵉ ligne, au lieu de Hessling, lisez : *Hesse-ling*.

P. 218, supprimez l'art. Hobsteten et reportez-le avant la dernière ligne de la page, sous cette forme :

Hoppstaten, grand duché d'Oldenbourg, 1557.

Pour l'art. Holling, même page, voy. la note mise à la suite de Halling, ci-dessus, p. 5.

P. 221, en tête de la lettre K, mettez :

Kaisen, ham., com. de Wiesbach. 1497 (doit remplacer l'art. *Kassheim*, quelques lignes plus bas).

L'art. Kerperich-Hemmersdorf, même page, doit être rétabli de la manière suivante, avec une note :

Kerperich-Hemmersdorf, vil., com. d'Oberesch, 1421, 22, 39, 40.

Kirburg Hymerstorff et Krispeig Hymersstorff (lisez : *Hymierrs-torff*), des nᵒˢ 1421, 22, 39 et 40, ne doivent désigner qu'une seule et même localité : Kerperich-Hemmersdorf. C'est donc vraisemblablement à tort que ces noms forment deux articles distincts dans le Dénombrement.

P. 222, supprimez l'art. Landweiler, qu'il faut remplacer par Loutzwiller, p. 226.

M. Thilloy dit que le village de Landweiler n'existait plus au xviᵉ siècle.

P. 224, art. Lengelsheim, lisez 2144, au lieu de 2145.

Les art. Linden et Lixing-lès-Rouhling, p. 225, doivent être rétablis de la manière suivante :

Linden, section du vil. d'Oberthal, com. d'Alsweiler, 1486, 1518.

Lixing-lès-Laning, canton de Grostenquin, 2249.

Les deux villages de Lixing sont désignés sous la forme ancienne de *Luxingen*; mais Lixing-lès-Rouhling était un village d'Empire, enclavé dans la Lorraine. (Thilloy.)

P. 225, après l'art. Loutremange, mettez :

Loutzwiller, canton de Volmunster, 2226 (remplace Landweiler).

P. 250, art. Métring, au lieu de canton de Faulquemont, lisez : *ham., com. de Téting.*

P. 251, au lieu de Monclair, lisez : *Montclair*, et reportez l'art. après celui de Montauville.

A l'art. Mont, au lieu de canton de Pange, lisez : *ham., com. de Pange.*

P. 253, art. Neunkirchen, au lieu de canton d'Ottweiler, lisez : *grand duché d'Oldenbourg*, en supprimant la note.

P. 254, après l'art. Niedergailbach (qui devrait suivre Niderhofen), ajoutez le suivant :

Nieder-Saubach, vil., com. de Lebach, canton de Saarlouis (Pr.), 1491. (C'est *Sambach*, ou plutôt Saubach, de la p. 245.)

P. 255, à l'art. Oberkirchen, ajoutez : *canton de Saint-Wendel (Pr.).*

Après l'art. Oberperl, ajoutez :

Obersimten. Voy. Niedersimten.

P. 256, effacez Obsteten. (C'est Hoppstaten, indiqué ci-dessus, p. 4.)

P. 258, après Petit-Rederching, ajoutez :

Petit-Rohrbach, ham., com. de Nelling, 1631 (doit remplacer Rorbach, p. 244).

A l'art. Pirmasens, au lieu de 2210, lisez 2209.

P. 241. L'art. *Rantschidt* et la note qui s'y rapporte, doivent être supprimés. Ce lieu est Reitscheid.

Après Rappweiler, ajoutez :

Rathen, vil., com. d'Otzenhausen, canton de Trèves landkreises (Pr.), 1471, 1525. (C'est *Zurachten* de la p. 262.)

P. 242, après l'art. **Rehlingen**, ajoutez, en supprimant le second numéro :

Rehlingen, vil., com. de Nittel. 1442.

La première de ces localités est dans le voisinage de l'emplacement qu'occupait le château de Siersberg ; la seconde en est fort éloignée, vers le N.-O., dans la direction de Trèves. Cette dernière, qui ne doit être vraisemblablement considérée que comme un fief ressortissant à la prévôté de Siersberg, formait enclave dans le pays étranger. Elle fut cédée, en 1769, à l'impératrice-reine de Hongrie, avec Nittel et d'autres villages. La *Notice de la Lorraine*, t. II, col. 495, mentionne les deux lieux de *Relling*.

Après **Reimsbach**, ajoutez :

Reitscheid, vil., com. d'Oberkirchen, 1562 (c'est *Rantschid*, mentionné ci-dessus, p. 5).

P. 243, art. **Reyerswiller**, au lieu de 2147, lisez : 2146.

Effacez l'art. **Rhodes** (c'est Rode, ci-après).

L'art. **Riol** doit être rétabli de la manière suivante :

Riol, vil., com. de Longuich, canton de Trèves landkreises.

Après **Rodalbe**, mettez :

Rode, ham., com. de Morhange, 1648.

Effacez **Rolling** (c'est Rouhling, ci-après).

P. 244. Effacez **Rorbach** (c'est Petit-Rohrbach, ci-dessus, p. 5).

Après **Rougeville**, mettez :

Rouhling, canton de Sarreguemines, 1586.

P. 245, art. **Rustroff**, au lieu de 1554, lisez : 1234.

Effacez *Saubach* et la note qui s'y rapporte (c'est Nieder-Saubach, ci-dessus, p. 5).

P. 246, au lieu de *Schellembach*, office de Schambourg, lisez : Schellenbach, section du vil. de Thalexweiler.

Après cet art., ajoutez (pour remplacer Altscheuern de la p. 184) :

Scheuer-Hof, ferme dépendant du vil. de Nohn, 1507.

Paraît correspondre à Scheuren du Dénombrement de 1594. C'est probablement le même que Altscheuren, indiqué par Bugnon comme faisant partie de la seigneurie de Berg, prévôté de Bouzonville, et mentionné dans le *Recueil des ordonnances*, t. VIII, p. 280, avec Berg, Nennig, Wies, Büren et Kirf. — La ferme (*hof*) de Scheuer représente peut-être un ancien village détruit ?

P. 246, art. Schweich-Haussen, au lieu de Wach-Haussen, lisez : *Wetschhausen*.

Au lieu de *Seilbach*, office de Schambourg, lisez (en supprimant la note) : Selbach, grand duché d'Oldenbourg.

P. 248, 5e ligne, au lieu de Reblingen, lisez : *Rehlingen*.

Titting, mis à la p. 252, doit venir à la p. suivante, après Tilleux.

Tromborn, mis à cette dernière page, doit venir après Trois-Maisons, p. 254.

Urexweiler (p. 254) est à effacer et à remplacer par Haupersweiler, indiqué ci-dessus, p. 3.

P. 260, supprimez l'art. *Wach-Haussen* (c'est Wetschhausen, ci-après).

P. 261, après Wellingen, ajoutez, en reportant à cette page la première note de la p. 260 :

Wetschhausen, ferme, com. de Saint-Wendel, 1516.

P. 262, effacez *Zurachten* (c'est Rathen, ci-dessus, p. 5).

—

Au sujet de l'introduction, M. d'Arbois de Jubainville a bien voulu nous communiquer l'observation suivante, qui est parfaitement juste :

« La page x contient un passage très-obscur relativement au Bassigny.

» Le Bassigny se composait de trois parties distinctes, qui n'avaient aucunes limites naturelles complètes, soit entre elles, soit avec les pays voisins. L'une était Champagne et France depuis des siècles ; sa capitale était Chaumont en Bassigny ; elle avait une coutume particulière. Une seconde partie appartenait au duc de Bar, sous la mouvance du comté de Champagne et de la couronne de France ; c'était le bailliage de Saint-Thiébaut, tenu alors par les juges de Lamothe ou Bourmont. On y observait la coutume du Bassigny ; les appels étaient portés, pour les petites affaires, à Langres, pour les grandes, à Paris. En 1751, le bailliage de Saint-Thiébaut fut transféré à Lamarche (et le bailliage de Lamarche reçut juridiction sur la plupart des villages de la prévôté de Gondrecourt, dont l'appel allait pour partie à Châlons).

» La seconde partie du Bassigny appartenait au duc de Bar, sans aucune dépendance de la France ni de la Champagne. C'était la sénéchaussée de Lamothe qui, après la destruction de cette ville, fut transférée à Bourmont. L'appel allait à Nancy ; la coutume était celle du Bassigny. »

Nancy, imp. Gustave CRÉPIN-LEBLOND, suc^r de A. LEPAGE.

RECUEIL

DE DOCUMENTS

SUR

L'HISTOIRE DE LORRAINE.

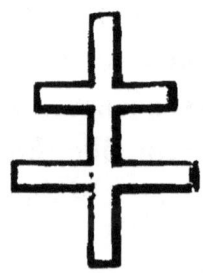

NANCY,
CHEZ LUCIEN WIENER, LIBRAIRE, RUE DES DOMINICAINS, 55.

—

1870

IMPRIMERIE A. LEPAGE.

DOCUMENTS

SUR

L'HISTOIRE DE LORRAINE.

PUBLICATION DE LA SOCIÉTÉ D'ARCHÉOLOGIE LORRAINE.

125 Exemplaires.

N° 6J.

www.ingramcontent.com/pod-product-compliance
Lightning Source LLC
Chambersburg PA
CBHW070540160426
43199CB00014B/2313